图解服务的细节
080

セブン－イレブンの「発注力」

7- ELEVEn的
订货力

[日]信田洋二 著

王冲 译

人民东方出版传媒
People's Oriental Publishing & Media
东方出版社
The Oriental Press

引　言

零售业中以跨界为营业模式的竞争正在愈演愈烈。

无论是在商业区还是在居民区都混杂着便利店、超市、药妆店等店铺。这些店铺为了扩张各自的市场而进行着激烈的交锋。

对于顾客来说购物场所增加是值得高兴的事情，但是对直面这种激烈竞争的零售业而言，可以说关系到生死存亡。

迄今为止，大家都只看到各自的行业，所以仍然处于一个还没有形成商业的时代。为了在这种跨境竞争中占领优势并生存下来，无论是哪种营业模式，自家店铺的产品能在多大程度上迎合商圈内客户的需求，可以说这一问题是最主要的。

因此，就要求我们具有"订购能力"。要求我们尽可能地提高决定每天如何备货订购的准确度。

可是没有什么事情比订货还要难。即使是收集到了精确的信息并且详细地进行过调研，还需要预测未来顾客的心理，然后准确反映在订购上是极为困难的工作。

一直以来持续坚持这种订购能力的正是便利店中最大的公司——7-ELEVEn。

可以说便利店是以"尽可能消减浪费，一贯追求卖场效率"为营业模式的。7-ELEVEn 将店铺规模扩张到日本全国约有18000 家店，并在此成长背景下，一直致力于为顾客服务，最大限度地提高订购的效率和效果。

通过 7-ELEVEn 我学习到了订购的可怕之处和有趣之处，并且了解到通过订购这一问题来考虑经商之道的重要性。谨以此书献给所有从事零售行业的人们。

再者，在小商圈日益激烈的竞争中，超市或者药妆店①这种连锁店中除了备齐总店主导的货品以外，更应该寻求的是个别店铺是否能适应所在商圈的需求以及订购的重要性。

订购这件事确实有难度。但是，为了赢得顾客们的信赖却是必经之路。

如果各位读者可以提前意识到订购的重要性，并且能够在自己的店里准备满足顾客们需求的货品，将是我最大的荣幸。

Believe-UP 董事长　信田洋二

---

① 在日本，指销售药品、化妆品、日用品和洗护用品等的店铺。

目　录
CONTENTS

第 **1** 章

便利店的"订购能力"

订购能力 **让便利店进一步发展的技术**

3 个要点

①订购能力的三要素是信息、选定商品以及卖场布置能力。

②基础设施的确立支撑着 7-ELEVEn 的订购能力。

③超市应效仿便利店的商圈应对。

采购时间最短化的便利店

便利店的 "订购能力" 由以下三个要素组成：

①在一切信息的驱使下，弄清楚顾客们不断变化的需求。

②对于应该强化的商品，要抱有目标性的推销意识。

③基于设想备货并落实在卖场的能力。

具备以上这三点，就可以使订购能力达到最大化。

但是，便利店为什么一直如此拘泥于订购能力这件事呢？这是因为根据便利店经营商品的不同，订购能力有很大差别。

便利店所经营的商品现在已经超过 3000 种。虽说目前为止

图表1　便利店的订购能力和支撑其的设施

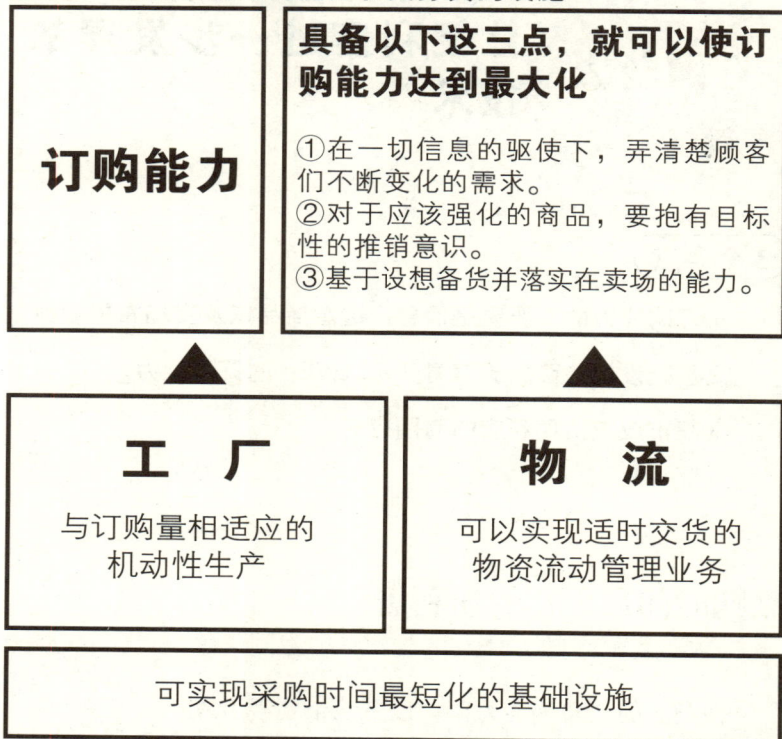

订购能力	具备以下这三点，就可以使订购能力达到最大化
	①在一切信息的驱使下，弄清楚顾客们不断变化的需求。 ②对于应该强化的商品，要抱有目标性的推销意识。 ③基于设想备货并落实在卖场的能力。

工　厂 与订购量相适应的 机动性生产	物　流 可以实现适时交货的 物资流动管理业务

可实现采购时间最短化的基础设施

顾客中多数为男性，但是女性以及年长者使用便利店的次数也在不断增多。受到这种变化的影响，为了促进新的客户人群使用，满足生活需求的备货品种变得越来越多，这正是商品品种增加的背景所在。

其中，最具有便利店营业模式特征的商品是像便当或者副食品这样被称为"每日商品"的一类商品。

　　销售鲜度很短的商品需要进行光照和时间管理，并且销路会根据天气、气温的影响以及当地的促销活动发生很大变化。

　　在梅雨天短暂放晴的时间里，在此之前几乎卖不出去的凉面突然卖得很好。随着微妙的环境影响，顾客们的喜好和需求在变化，销量也在变化。

　　为了早早捕捉到这种需求的变化并且在短时间内反映出应该如何备齐货品，为了把从订购到交货的采购时间最短化，便利店需要不断努力。对于每日商品来说从订购完到交货，中间时间短的不过 10 小时而已。

　　为了使店铺的订购能力最大化：店铺提交订单后，工厂制作完商品，物流在规定的时间内把商品送到店里。无论欠缺了哪一方面都无法充分发挥订购能力。

　　以生产和物流态势为背景，实现采购时间最短化是便利店商业模式最大的特征。借此为起点，订购技术的进一步发展，可以说是便利店必然的归宿。

支撑着 7-ELEVEn 竞争力的"订购能力"

　　请看一个这样的例子。这个例子展示了 7-ELEVEn 灵活的订购能力。

　　某一年梅雨季节，由于梅雨季节持续降温，温度一直都在

20℃左右，这一地区的 7-ELEVEn 店铺中凉面的存货数量不足 10 个。

有一天，在中午下订单截止时间的时候听到天气预报报道明天 24℃晴，明天傍晚达到 29℃晴。因为明天很可能持续高温，所以店铺立即对订单进行修改并追加了订单，第二天中午凉面的存货量一下达到 70 个。

同一地区的其他连锁店中，A 连锁店存货数量是 40 个，B 连锁店的存货数量是 5 个。只有 7-ELEVEn 的订单数量是完全不一样的。

当然，结果销量也有压倒性的差距。7-ELEVEn 卖出 40 个，与此相比，A 连锁店卖出 20 个，B 连锁店一个也没卖出。

7-ELEVEn 会根据天气、气温的变化在还可以修改订单的紧要关头增加订单数量。而增加的订单数量也要与生产工厂的能力相适应，并且物流来得及在第二天 10 时 30 分之前摆放好货品，这才能实现销售 40 个的好成绩。

这个例子中最重要的在于订购了 70 个最后才能卖出 40 个这一点。而其他的连锁店之所以赶不上 7-ELEVEn 也是因为订购量的差别。

7-ELEVEn 就是这样，预想到随着天气和气温变化，顾客们的喜好也会发生变化，并且抓住这个绝妙的机会，灵活地大量增加订单量，在卖场进行布置摆放。

7-ELEVEn 一边在梅雨期稍稍放晴的时候多次反复增加订单量，一边迎来梅雨结束那天烹制面食销量达到顶峰。在梅雨期中间放晴的有限商机中，寻找自家店铺最大的销量是多少，并且知道自家店铺能把销量提高到什么程度。所谓 7-ELEVEn 的订购能力就是对梅雨结束后那天反复进行设想和验证。

也正是这样，7-ELEVEn 在各家便利店企业中有着引以为傲的压倒性竞争力。

7-ELEVEn 现在日本全国有 18000 家店铺，这样巨大的连锁店在逐渐发展，在注重专用工厂提供的具有独创性商品的商品力的同时，也正在实现每一家店铺的订购能力和运营能力。

超市也要关注商圈吗？

与其说 7-ELEVEn 的订购能力与其他营业模式相比胜在对商圈的理解、机动性上，不如说是便利店胜在订购能力上。

一般像超市在采购烹制面食这种商品上花费的采购时间并不是一天，而是两天，因此经常听到 "没办法应对天气或气温的快速变化" 这样的话。当然，比起前天的天气预报当然昨天的更准确。因此，以现在的营业模式应对天气或者温度的急剧变化是困难的。

但是，如果提前知道了气温将要变高，也可以选择急忙赶造商品，或者采取大量摆放食品杂货类的干面和面汁的措施加以应对吗？

总店需要仔细商讨的是，关于采购时间的限制是否能稍缓或有没有可能在店里烹制。而店铺所能做的就是变更食品杂货的卖场。

确实，由于投入的人力时间或由于生产性的理由，这些并不是能简单做到的。但是这也明确了超市与能灵活地应对天气、气温变化的便利店之间的区别。

这也与不同的订购负责人有关。

由于总店和加盟店有不同的区域营销权商业模式这一特殊性，对于超市来说，在订购这件事上店铺被委任多大的权限和责任就至关重要。为什么呢？因为只有那个商圈的超市对商圈最为熟悉。

因此，如果超市对所在商圈足够了解，不就能实现最优的备货吗？不就可以根据当地的天气或者气温，还有周围商铺的促销活动等情况来捕捉顾客们需求的变化吗？基于这些结果难道不能保证验证的准确性吗？

自动订购虽然在工作效率上很占优势，但是在应对天气和气温急剧变化的能力上有一定限制。某些情况下，总店主导决定如何备货，然后通过自动订购提供商品，而店铺只进行商品补充。这类店铺很难做到细致地应对顾客们的需求。

与此相对应，便利店的订购往往与店铺或个人相关。

虽然便利店自动订购的范围有所扩大，但是可以定期对订购标准进行修改。靠补充货物就能搞定的商品仅是一部分，像每日商品这类商品从信息采集到验证，都是个人亲自来下订单的。因为如果不这样做，会错失机会或者造成产品废弃损失。

店铺最了解所在商圈

如何备货和制造卖场的方法也同样重要。

即使同样是在车站前的店铺，乘车车站、下车车站的便利店的备货和卖场都是不同的。

以口香糖为例，位于乘车顾客较多的车站附近的便利店，顾客购买瓶装口香糖的比较少，而对易于携带的口香糖的需求比较多。重要的是创造出便于选购商品的卖场和敏捷快速的结算。

相反，有的店铺靠近停靠车辆多的车站。大多数顾客下车后步行向目的地，因此对瓶装口香糖的需求有所提高。当然，重要的是把商品摆放在目之所及的地方。因为与乘车站相比，顾客下车后挑选商品的时间充裕，所以掌握好备货量也十分重要。

同样，在老年顾客较多的店铺或者那些以青年或家庭为主

图表2　因所在地不同口香糖需求的变化

条件	分类	合适的商品	需求的变化
所在地	离乘车点最近的车站	易于携带的口香糖	重要的是创造出便于选购商品的卖场和敏捷快速的结算
	离下车点最近的车站	可放置的瓶装口香糖	下车后仅仅是走去公司。因为有足够的时间选购商品，备货要留有余地。
客户人群	年长者较多的店铺	薄片状口香糖	熟悉的产品，由于牙齿的状态不好所以薄片状口香糖更适合。
	年轻人较多的店铺	有较强刺激性的口香糖	年轻人的特征是喜欢刺激。
季节	早春	薄荷味的口香糖	为了消除困意所以更倾向于刺激性强的口香糖。
	冬天	甜的口香糖	随着气温降低，对于甜的东西需求变大。

要购买力的店铺，备货又是不同的。就拿口香糖的例子来说，牙齿状况不良的老年顾客逐渐增多，因此这类人群对颗粒状口香糖的需求低下。老年顾客更喜欢薄片状口香糖。而在以年轻人居多的地区，备货应该以刺激性较强的商品为主。

此外，随着季节的变化也有所不同。春天为了应对花粉症或者消除困意，刺激性强的薄荷味口香糖更受顾客们欢迎。而冬天甜味口香糖的销量会有所增长。

由于所在的商圈不同，总店主导的备货和货物摆放也限制着店铺的经营管理。

而且，传单特卖作为超市最常见的促销方法，曾经有因为是特卖商品而销售一空的情况，如今这种销售一空的情况正在大幅度减少。正是连锁店之间的价格竞争，导致店铺无论设定多么有优势的特卖价格，也会出现特卖商品不能完全售出的情况。

这样做的后果就是，没有销售一空的特卖商品又转回了原来的卖场，这导致定型商品的销售空间被缩小，在这个店铺形成了需求不足且不规律的备货和卖场构成。

在发生特卖商品剩余的情况时，至少店铺应该尝试减少后备存储室的库存，重新规划商品的卖场，在店铺内重设特卖后剩余商品的位置。如果能做到这样，就不会损伤超市的综合能力。

相对于小商圈内的店铺数量增加之类的问题，居住在小商圈且经常光顾店铺的居民尤为重要。你应该知道他们来店里是要买什么的。

因此，对商圈最为熟悉的店铺持有订购、备货、货物摆放的权限和责任是非常必要的。店铺的目标并不是掌握最合理的备货方式，而是经常预想顾客们需求的变化，致力于备货方式的不断调整，这是小商圈化中最重要的一点。

便利店在小商圈内占据优势

随着便利店的增加，超市和便利店的竞争愈演愈烈。与此同时，从人口正在逐渐减少以及人口老龄化这一方面考虑，超市和便利店对客户人群的"争夺战"将进一步激化。

这一问题在地方尤为深刻。伴随着人口减少，大规模的店铺变得越来越难以维持生计，区域营销权商业的加盟店变为主体，有反应灵敏优势的便利店也在不断进步。

这种时候，超市应该如何吸引顾客来店里呢？便利店又如何拥有超出预期的便利性和机动力呢？如果依然以现在这种方式进行，是很难做到的。

便利店可以敏锐地捕捉到居民喜好的变化。这不仅仅是便利店的历史，也可以说是 7-ELEVEn 的历史。面对预想到的变化需要采取怎样的行动呢？这一点便利店已经有条理地付诸实践且实现了。

如果拥有这种能力，那么便利店战胜超市就指日可待了。

环境变化 竞争和商品改变订购方式

（3 个要点）

①仅以销售数量为基准，卖不出的商品增加会导致卖场难以维持。

②为了进一步扩大客户层，重要的是订购货物时考虑女性和老年消费人群。

③引入推荐商品的动向增强的话，就无法做到合理备货。

如今所议论的"订购能力"

如今，大家又重新议论起便利店"订购能力"的重要性。

为什么会这样呢？这是因为随着小商圈化以及竞争环境的变化，客户人群和市场的扩大，以本店主要客户人群为对象采取最佳的备货方式和卖场布置也变得比之前更加重要。正是在这种变化的强推下，今后对于订购问题的考虑变得更加重要。

订购问题所处的环境以及面临的变化有以下六点：

①以畅销商品为中心的想法逐渐放大。

②客户层的扩大。

③店主的订购权限和责任。

④导入可长期保鲜的商品。

⑤紧缩均衡机制的应对方法。

⑥活用自动订购方式。

关于第一点中提到的以畅销商品为中心的思考方法，目前伴随着客户人群的扩大以及和其他业务形态的竞争，如果依然按照以往的 ABC 分析性思考方法进行，会导致卖不出的商品增加，越来越难以维持卖场。

特别是从扁平陈列柜和货架高度的上升，就可以看出卖场空间有扩大的趋势。以周为单位单纯削减卖不出去的产品的这种方法不仅会造成店铺在表面上毫无意义地扩大卖场，而且会使商品库存量不足的卖场不断增加。

面对这一问题，基于自家店铺的客户层以及需求，在防止商品矩阵功能欠缺的同时要确保定型商品的备货情况。

此外，因为快消品的备货灵活，要再次构建最合理的备货方式，并以此为依据来进行订购。

比如说，与男性相关的商品当中，应扩大商品消费速度较快的洁面湿巾等消耗品的备货。注意药妆店和超市的价格以及备货情况，应该强化替换装洗剂的备货。

图表3 订购面临的六大问题

主要问题	主要应对方法
仅以销售数量为基准，卖不出的商品增加会导致卖场难以维持	从以前的ABC分析性备货方式来看，随着卖不出的商品增加，很难对卖场进行补充。从功能性和使用需求的矩阵来看，在确认是否在功能上有欠缺的同时，可以一边维持定型商品的备货一边扩大新商品，这种订购的思考方式尤为重要。
随着客户层的扩大，重要的是订购货物时考虑女性和年长的消费人群	基于新客户层的特点进行商品订购十分重要。对于为一家人准备饭菜的主妇们而言，如果买不到想要买的商品，可能推迟购物。所以，便利店应该确保能够代替早餐的相关商品。为了锁定年长的消费人群喜欢的商品，最主要的就是保证货品齐全。
引入推荐商品的动向增强的话，就无法做到合理备货	根据经营指导而优先引入推荐商品的SV增加，C类契约中加盟店占大多数，而对加盟店的订购责任应该重新进行考量。基于自家店铺的客户人群以及需求来判断推荐商品是否适合自家店铺，这种判断十分必要。如果不这么做，顾客支持的呼声也不会高。
随着长时保鲜商品的增多，很难再以旧的订购方法来应对	特别是对于半冷冻便当来说，不仅仅是各种商品管理的温度和销售期的条件不同，作为便当类产品的一种，应对客户需求进行备货和订购是必不可少的。这类长期保鲜商品，像半冷冻商品和冷冻食品易发生重复备货的情况，重要的是了解这种商品的特性并将信息传达给顾客们。
每日销售量增长困难时，备货的紧缩均衡风险变大	每日销售量增长困难时，如果销售数量达不到订购数量而控制下一次订购量，这样紧缩均衡机制可能产生很大影响。明确其中订购量影响销售量的原因就可以将紧缩均衡陷入风险降到最低。
修改订购标准等，没能充分发挥自动订购的作用	虽然食品杂货、香烟和一部分每日商品引入了自动订购的方法，但是往往没什么效果。在固定的订购标准下进行订购的时候，店铺应该再次确认订购逻辑思维，与此同时应该一个月修改一次订购的标准。

不仅要应对客户人群的扩大，也要改变订购的着力点

在第二点应对客户人群扩大中，尤其对于女性和年长的消费者，应该考虑到不同人群购买风格也有所不同。

面对女性顾客或者主妇顾客们，需要确保满足家庭烹饪需求的这类商品的备货和订购。

例如，一般女性客户购物的时候，如果要买的商品其中之一没有货，她们就有可能连其他东西也不买就回家。如果要吃西式早餐，女性客户想要看到面包、切好的蔬菜、牛奶、加工的肉食等商品。

另外，年长的客户人群更倾向于至今为止一直持续购买的商品。如果对那些一直在本店购买商品的特定客户维持他们喜好的商品备货，有利于促进客户人群的扩大和固定。

与长时保鲜商品一起摆放，卖场整体感很重要

在第三点关于店主的订购责任中，随着连锁店的寡头垄断化，总店的角色不断强化。即使有管理者（SV）的强力推荐，最终店主也应该考量自家店铺的情况后再下决断。

正因为如此，在要求店主对商品力有洞察力的同时，还要

能搜索到同一区域其他店铺的销售情况等相关信息，这时寻求管理者的帮助就变得很重要。

每日销售量低的店就需要有挑选商品的眼光，而每日销售量很高的店，如果模糊地选择商品进行订购，也会失去顾客们的支持。

第四点引入长期保鲜产品中，虽然可销售时间较长的冷冻便当等增加，但是我们应该认识到，顾客的多少与管理温度带、销售期不同，是没有关系的。

使用新鲜食材制作而成的冷冻便当不仅仅是为了削减卖不出的商品、用以维持卖场量感的商品，包括在 20℃ 下保存的所有便当商品，冷冻便当作为其中的一种，应该适应商品的特性和需求进行订购。而且，因为冷冻便当和能在 20℃ 下保存的便当的订购类别不同，环视所有便当的情况进行订购这一视点也是很重要的。由于销售时间较长，所以要将先交货的先卖掉这种观念贯彻到底，与那些在 20℃ 下保存的便当商品相比，冷冻便当要提前几天敏锐地了解天气、气温的预报。

第五点紧缩均衡机制的应对方法中，由于竞争激化而越来越难保证销量，因此强化了"订单减少→销售量减少→订购量减少"的流程。伴随着因销售量减少而控制了订购数量，进一步导致销售量继续减少的恶性循环。

为了规避这样的恶性循环，需要彻底贯彻这种对订购的设想和验证。如果仅靠销售量去判断如何订购，会加速缩小均衡。

此外，再次探讨有不同货次和时间段差别的商品矩阵，对于自家店铺客户人群和需求可能有遗漏的、没有订购的商品，需要进行定期的检查。

牢记自动订购的正确方法

第六点关于自动订购，便利店也是致力于减少工作人员和强化每日商品订购能力而推进订购自动化的。但是，如果认为商品订购变得自动化了就能减少工作负担，这样就很难使自动订购被有效地运用。如果设定了错误的订购标准就可能造成存货过多或过少的风险。

面对这一问题，最重要的是先理解自家店铺引入自动订购的逻辑思维。如果不能理解这种逻辑，就很难改善自动订购的运用方式。

便利店主要的自动订购方法有两个：**①是根据订购标准自动订购；②是根据过去一定时期的销售量自动计算出推荐订购数量，并以此为指导的自动订购。**

从很多连锁店采用的方法和前面提到的方法中，我们可以发现定期修改订购标准是十分重要的。

即使是同样的商品，也会由于季节或者其他条件的变化而导致销售量有很大变动。如果不因时修改订购标准，就有可能造成巨大的损失。

希望大家至少每个月修改一次订购标准。

第 2 章

关于订购问题的管理

4 个 基本原则 作为 "订购能力" 前提 的原则

3 个要点

①提高订购能力从贯彻 4 个基本原则开始。

②商圈要从 "大" 到 "小" 进行把握。

③POS 数据呈现出 "森林→树林→树" 的顺序。

"4 个基本原则" 是订购能力的基础

在学习如何订购之前，我们先整理一下便利店店长负责的工作。

最近顾客们了解了连锁店以及店铺的特征，为了避免买不必要的东西，顾客们更倾向于根据自己的需求来灵活购物。所以，如果店长都不能明确 "卖什么商品好呢"，那么招徕顾客并在竞争中取得胜利就十分困难。

但是，在把这种差别化贯彻到底之前有必须做的事情，就是要做到贯彻 "4 个基本原则"：①备货；②产品鲜度管理；

图表4　4个基本原则的主要内容

备货	为了捕捉客户需求，以畅销商品为中心的备货方式尤为重要。便利店服务类商品在不断增加，即使以这种方式能吸引顾客来店，最重要的还是备齐顾客需要的商品。明确随着时间变化客人的需求也在日益变化，重点是准备适合顾客的商品。
产品鲜度管理	便利店的主力商品是即买即食的外卖食物等。女性顾客增加的同时，对鲜度管理的要求也变得更加严格。如果生鲜产品因化冻而滴水或者在日常杂货上有灰尘的话，女性顾客就会望而却步。
舒适整洁	舒适整洁是指总是保持让人舒适的干净状态。特别是顾客在意的地方。即使是在狭窄的店铺中，垃圾箱或者货架也要保持清洁的状态。如果想着"一点点（灰尘、污垢）"而已，一旦开始有这种想法，店铺就已经达不到舒适整洁的标准了。
亲切的服务	这是最容易给顾客留下印象，一直维持这个水准的服务又很难做到的一项。而且很容易因人而异，所以店铺经常会感到迷茫，亲切服务的特征是该优先做什么呢？参照我个人的经验，亲切服务的出发点在于确保让人感觉舒适的待客标准。

③舒适整洁；④亲切的服务。会有人说："这些事我都知道。"如果真的能做到这 4 个基本原则，顾客们的支持度会慢慢升高，也会增加每日的销售量。就算附近的竞争店铺开设了分店，过一段时间顾客还会再来的。如果顾客并没有再来，那可以说就是 4 个基本原则没有贯彻到底。

主要问题在于店铺和顾客的想法之间有代沟，店铺自身却没有注意到这一问题。因此需要经常冷静地观察自家店铺的情况，确认是否有什么问题。

4 个基本原则的**第一项就是备货**。

便利店最近注重一些像复印或者票务等服务类商品。即使是和超市、药妆店相比，便利店的服务类商品的质和量都有压倒性优势，这种服务类商品成为顾客使用便利店的最大动机之一。

但是，由于很多连锁便利店都提供这种服务类商品，在追求差别化上就有一定的限制。即使以服务类商品这种方式吸引顾客来店，最重要的还是备齐顾客们需要的商品。

顾客们需要的商品日益变化，明天、后天顾客们又想要什么呢？这个问题并没有确定的答案。但是面对顾客们需求的东西，店铺能做到的是通过不断地备货来靠近顾客们想要的商品。这就是所谓的订购能力。

如果以店铺的情况为优先，那么很多时候是无法好好应对备货问题的。是选择"没有办法呀"然后就这样放弃，还是选择考虑"满足顾客们需求吧"，将会对之后的销售量有很大的影响。

如果附近的竞争店铺备齐了商品，那么顾客们一定会流向竞争对手的店铺。为了防止这种事情发生，只有自家店铺进行完善的备货。不管多么不利的状况，只要能够备齐满足顾客需求的商品就一定能得到顾客们的支持。

第二项是产品鲜度管理。

大部分顾客选择便利店的商品都是为了购买后立刻吃。所以，可以说选择店铺最重要的标准就是商品的鲜度。

此外，由于少子化和人口老龄化导致市场缩小，同时为了维持或者扩大销售量，需要吸引不来店铺的顾客来购买商品。便利店的顾客中男性占比大约在六七成。所以为增加客流量，其中一个要点就是吸引女性顾客光顾便利店。

确实，备齐日配品和性价比高、值得购买的加工食品等会使女性顾客增加。但是，如果女性顾客们看到精肉或者鱼，因化冻而滴水，或者杂货、调味料上有浮灰会怎么想呢？应该会觉得十分可怕不想再来第二次了吧。

好不容易不辞辛劳地摆放好商品却不好好进行管理，如果给顾客提供这种不新鲜的商品，顾客对店铺的信赖度也会大幅下降。

第三项是舒适整洁。

舒适整洁是指总是保持让人感到舒适的干净状态，可以说这是顾客们立刻会注意到的一项。掉落在停车场的收据或者烟蒂、入口处的污垢、垃圾箱或者货架上的尘埃等，就算是像便利店这样狭小的店铺经常保持干净整洁的状态也绝非易事。如果想着"一点点（灰尘、污垢）"而已，舒适整洁水平就已经不达标了。

试着以顾客的眼光环视卖场

第四项是亲切的服务。

这是最容易给顾客们留下印象，一直维持这个水准的服务又很困难的一项。而且很容易因人而异，所以店铺经常会感到迷茫，该优先做什么正是亲切服务的难点。

一般来说，如果能大声地问候、准确无误地递出找零和收据、礼貌地处理商品，这就确保了一定程度的服务。

希望大家注意的是收银台"里外"的区别。职员迈出店铺也是顾客。因为职员也经历过各种各样购物的场面，更能感受到接待顾客的好与不好。

参照我个人的经验，亲切服务的出发点在于确保让人感觉舒适的待客标准。

但是虽说想要像所希望的那样好好接待顾客，但是一旦站在收银台里忙着工作，就会以"工作太忙了"为借口敷衍了事的情况也不在少数。

　　职员一旦进入工作岗位就要接待很多顾客。对于职员来说，顾客只是很多顾客中的一个。但对于顾客来说却正好相反，职员一次的接待代表着全部印象。

　　实际上店铺被投诉的案例中最多的就是关于待客这一问题的。

　　即使平时做到了亲切地接待顾客，稍有不慎就造成顾客投诉的案例很多。虽然仅是一位顾客，但是在这个竞争激烈的时代，这种事情不断积累会对店铺造成极大的重创。

　　贯彻这4个基本原则是发挥订购能力的基础。一天24小时、365天都在营业的便利店，全部员工都有必要贯彻落实这4个基本原则。毕竟店长一个人所观察到的卖场范围是有限的。

单品管理 便利店订购的出发点

3 个要点

①单品管理是经商的基础。

②正确订购需要准确处理好的 5 个阶段。

③回想顾客的样子进行订购。

"单品管理"是经商的基础

听到"单品管理"这一词,很多人的第一印象是"好难""太辛苦了""真的有效果吗"。

但是,单品管理可以说是经商的基础、提高订购能力的原点。首先,让我们来看看这种思考方式。

所谓单品管理,简单来说就是不断使自家店铺备齐的货物与顾客的需求统一起来。如果这两点能完全重合并达到一致,当然是无可挑剔的,但这并不是一件简单的事情。

请看**图表**5 所示的备货和客户需求的关系。图中既有顾客的需求又有自家店铺的备货，但实际上两者之间有偏差。

中间重合的部分是备货符合顾客需求的部分，这会产生销售量。重合的部分能达到多大，店铺的销售量就会有多大变化。

如果重合的部分少，那么会造成机会损失和产品废弃损失，导致备齐的商品被白白浪费。这不仅不能满足顾客们的需求，而且会直接影响店里的销售量和盈利。

图表5　单品管理概念

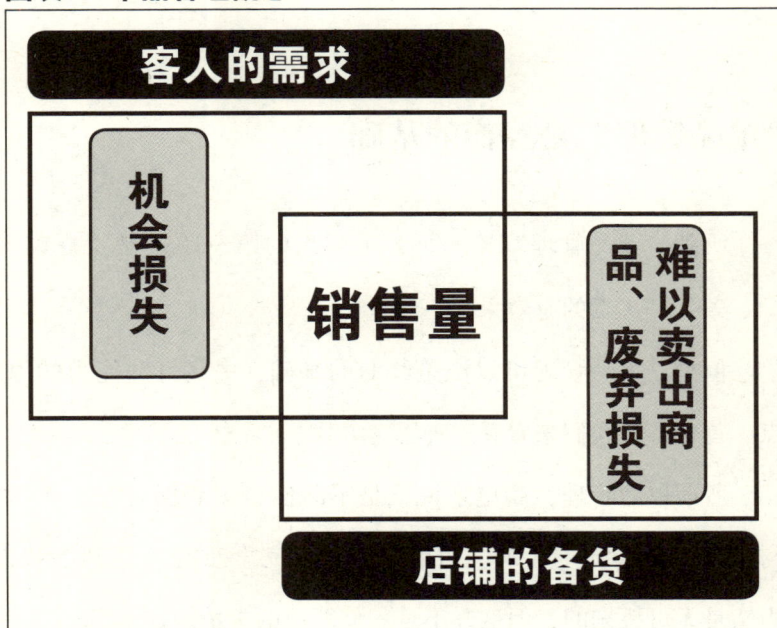

客人的需求

机会损失

销售量

难以卖出商品、废弃损失

店铺的备货

所以，要不断备货以满足顾客们的需求。这就是为什么要以单品为焦点，持续地致力于单品管理。

顾客们的需求是不断变化的。因此单品管理中需要不断努力把顾客的需求和备货结合起来。在实际操作过程中体现为一种"订购的管理周期"。

订购的管理周期由以下 5 个步骤组成（见图表 6）：

①收集信息

②设想

③决定商品和数量

④卖场布置

⑤验证（改善订购方式）

基于收集信息和提出设想进行销售，验证销售的结果并活用于下次订购，这样订购能力就会不断提升。

在这一连串工作中，如果每一个阶段都准确地进行，就会减少机会损失和产品废弃损失，并提高店铺的销售量和盈利。

以各个阶段准确无误工作为背景，订购周期的持续回转与订购能力的提升息息相关。

图表6　订购的管理周期

收集信息	与订购相关的信息有"本店固有的信息""以前的信息""未来的信息"三种。"本店固有的信息"以店铺所在商圈的变化为中心。除行政数据外，还要关注商圈调查带来的信息。"以前的信息"以销售时间信息管理数据为中心。由大到小进行归纳分析。"未来的信息"是指影响客人喜好的天气、气温以及当地的展销活动等。
设想	以各种各样的信息为基础判断客人们寻求什么样的商品。因为时间段不同，客户人群也不尽相同，基于各种各样客户人群的需要，以适宜的商品为中心，想出符合客人期待的备货方式。对于便利店来说，与地域紧密联系的设想会成为一种极大的竞争力。
决定 商品和数量	基于设想决定商品和订购数量。商品的选择就像之前提到的那样，要基于客人们的属性、以适宜的商品为中心进行选择。所决定的数量伴随着机会损失、产品废弃损失的风险。以过去数据的单品构成比例来决定订购数量也是方法之一。
卖场布置	基于设想和订购打造卖场十分重要。即使增加了订购量，如果不能保证表面的整洁，商品被挤在货架的角落里也是达不到预期效果的。取决于卖场的宣传情况，最后的验证阶段也有可能被歪曲。
验证 （改善订购）	提高订购能力最关键的就是验证。根据结果的数据清晰地阐明"为什么卖得好呢""为什么没有预期卖得好呢"这些问题，这样有利于改善下次订购，能慢慢地提高订购能力。

回想顾客的样子进行订购

此外，在订购的时候回想每天来店购买商品的顾客的样子也是十分重要的。试着想象一下，明天这个顾客又会买些什么呢？

天气晴朗高温的日子，凉面应该比较容易卖出去吧。相反，如果天气寒冷，那么顾客们应该更喜欢保暖的商品吧。通过假想一个顾客的样子来考虑这些事情，就能慎重地考虑商品的缺货问题了。

每日商品有造成产品废弃损失的风险，但比这个更恐怖的是机会损失。特别是每天都来店里购买固定商品的顾客，店铺绝对不能允许顾客想要买的商品脱销。

如果顾客好不容易来一趟便利店，想要买的商品却没有像平常一样摆放在货架上，顾客就再不会来店里买东西了。

为了防止商品脱销的事情发生，备齐顾客们所需要的商品是经商的原点，也是让顾客们感受到便利店是多么便利的一个契机。

收集信息

正确设想和验证的必要条件

（3个要点）

①通过以前、未来以及本店的信息捕捉顾客们的需求。

②准确把握不同时段需求的变化。

③员工的信息成为有效的商圈信息。

利于订购的"收集信息"是指什么？

信息的收集作为订购工作的起点在很大程度上左右着结果。关键在于不断追求满足顾客的需求，比如："明天顾客会喜欢什么商品呢？"

根据便利店所在地不同，也有一天光临便利店多次的顾客。位于办公区的话，职员在出外勤的途中去最近的便利店里购买面包、咖啡，买当作早饭的便当和茶。在那里，常常能见到这类职员们的身影。

从宏观的角度来看，日本国内的便利店数量超过 5 万家，相当于平均一个店铺的顾客大约有 2500 位。每家店每天的顾客合计 900 人，平均来看，可以计算出一个店铺的顾客中大概有三分之一以上每天都光临便利店。

对于如此频繁光顾便利店的顾客们，为了能使其持续不断地来店，最重要的就是根据收集的信息来捕捉顾客们喜好的变化。

那么，捕捉顾客的喜好变化又需要哪些信息呢？从大的方面来分有三个。分别是"本店固有的信息""以前的信息""未来的信息"。

本店固有的信息是指商圈的情况和人口的流动、处于竞争关系的店铺的情况等店铺周边环境相关的信息。

纵观世事，一方面事务合并撤销或者缩小规模，另一方面因公共工程的盛行等波及经济、商业的事情也层出不穷。

在公共社区，伴随着建筑物的老化以及居民的流动，商圈的情况也发生了变化。此后空巢可能会越来越多，即使看到单户独立住宅的外观，实际上里面也有可能没有人住。

此外，处于竞争关系的店铺或者商业设施的出现也影响了客流。至今都是从店铺前面的街道去往车站的顾客们，有可能走别的路去上班或者上学了。

这些在身边频繁发生的变化并不是与己无关的。所以有必要至少三个月一次或者半年一次确认店铺附近发生了什么样的变化。

商圈要如何看待才好呢？

那么，观察商圈的时候要注意什么呢？**要点有两个——"范围"和"时间"**。

一般来说，便利店的商圈是指半径 500 米以内的范围。但是真的只是这样吗？

便利店所在地也是多种多样的。有在办公区的，也有临街的。

如果是在事务所集中的地方，那么 500 米的商圈范围就过大了。实际上在距离店铺几十米的地方就会有很多竞争店铺。

与之相反，要是临街的店铺，顾客是以开车为主要交通工具的，商圈的范围则超出 500 米。如果其他便利店先把自己的商圈范围扩大到 500 米之外，那么就会对自家店铺产生影响。

此外，商圈不仅仅是依靠距离划定的，也受到顾客们的移动路线或者竞争店铺所在地等因素的影响。根据最近的车站和事务所等的位置关系不同，商圈的形状也会发生变化。

图表 7 即为店铺商圈所见的部分。

这个店铺和最近的车站之间聚集着很多事务所，店的后方是密集的住宅区。刚开始设立店铺的时候预计事务所的人使用便利店的概率较高，实际上却是以后方住宅区的人为中心的。

即使是相同的半径距离，根据光顾的顾客不同，商圈范围也会
产生偏差。

图表7　自家店铺的客人在哪里?

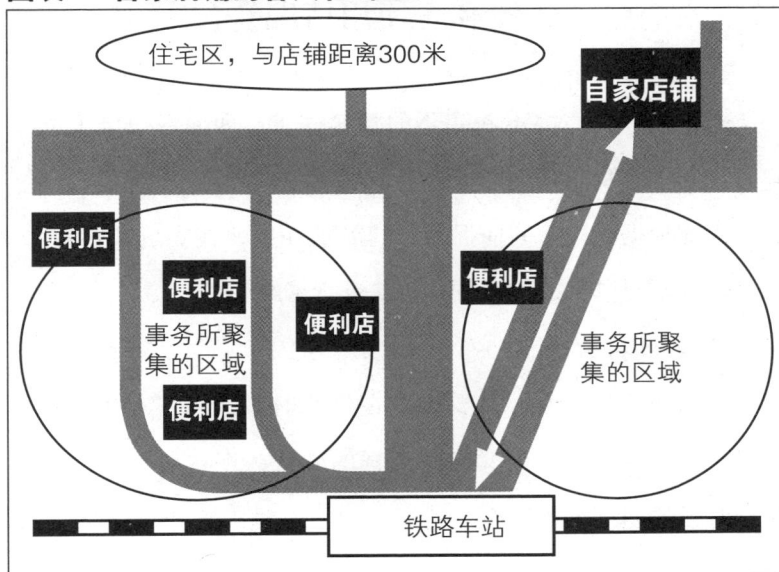

"时间"又是怎么一回事呢?

顾客对店铺的使用率也随着时间而变化，对于一天 24 小时
营业的便利店来说这个差异尤为显著。

更不用说工作日和休息日顾客对店铺的使用率也是不同的。
典型的就是位于市中心办公区的店铺在休息日几乎没有人光顾，
而屹立于住宅区或者车站前的便利店也会因时间段不同而引起
客户人群的变化。

所以要知道自家店铺客户人群的定位，并不是选取一个时段就能轻易断定的。

时段的变化导致便利店使用情况变化

对于在一天之内不断变化的顾客需求，即使在思维上能了解这种需求，从感观上捕捉也绝非易事。

能够根据时段不同捕捉客户的需求并反映在卖场和备货上，这要求店铺对顾客的生活方式方法进行仔细调研。

特别是以柜台处的 FF（速食）、米饭、三明治等被一天多次购入的商品为中心，需要调查在什么时段，顾客有什么样的需求，顾客的消费行为又有什么样的变化。现在应该更加注意基于时段的变化进行订购和备货。

连锁店不同，分类也会不同，重要的是观察商品中、小分类的变化。假设不同时段里销售量提高的产品就是需求较高的，以此来捕捉不同时段的需求和客户人群的关系。

事先记录下时段和在收银台接待顾客时，顾客购买的商品以及顾客的性别、年龄，还有在所了解范围内的职业情况，把 POS 数据和记录下来的这些东西进行比对就能了解很多信息。

图表 8 是根据便利店所在地不同、时段不同、一般特征以及人流情况观察到的东西。

图表8　时段不同、布局地不同，客人需求的变化（工作日的情况下）

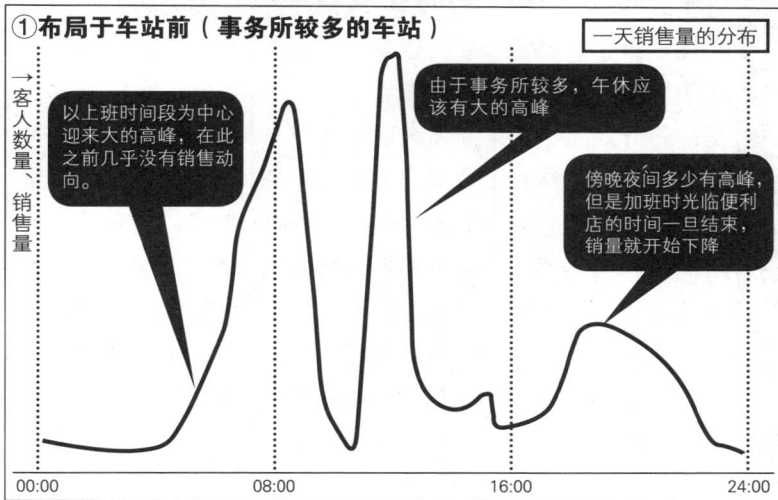

①布局于车站前（事务所较多的车站）

一天销售量的分布

→客人数量、销售量

以上班时间段为中心迎来大的高峰，在此之前几乎没有销售动向。

由于事务所较多，午休应该有大的高峰

傍晚夜间多少有高峰，但是加班时光临便利店的时间一旦结束，销量就开始下降

00:00　　08:00　　16:00　　24:00

	特征	人的动向	商品的动向
早上（0时~8时）	事务所多的车站附近一般居民比较少，大多人都是从其他地方来上班。因此，高峰期偏向于始发电车运行之后。由于事务所休息，或者节假日与工作日的差别较大，备货及便利店的运作应该有完全不同的应对模式。	以早早来上班的人为中心，从早上开始销售量缓缓提高，顾客开始工作之前营业额达到最高峰的时候，早晨的销售动向就结束了。一般由于居民很少，所以除去附近热闹的街区和酒吧街以外，深夜时间段的销售动向非常少。	能在事务所简单食用的早餐类商品的动向变得活跃起来。但是，由于上班之后吃东西的情况较多，除面包外需要加热食用的商品需求都比较低。此外对于蔬菜汁和牛奶等需求有所提高。

白天（8时~16时）	这个时间段的高峰期比较集中，销售量越来越高。特别是即将开始工作前的高峰和午餐休息时的高峰，因此要对商品和待客有充分的准备。比如人员配置和分担任务，准备高峰期前的消耗品等。	上班前购买商品的情况较多，忘记买早餐或者对于能在办公桌前吃的早餐的需求增多。一般来说购买少量的商品带到事务所的情况也比较多。12点以后需要吃午饭，一般情况下职员们讨厌拥挤和等待结账。	作为午饭的商品更倾向于正统的菜单。此外，天气好的日子里要设想客人可能会不在事务所里就餐，这时候准备单手就能吃的商品十分重要。有必要注意在发工资前后，顾客们对商品价格的意向是否有很大变化。
晚上（16时~24时）	傍晚时分在回家路上的人变多，由于店铺位于事务所旁边的车站附近，所以着急回家的人很多，特征是很难掌握高峰时间。需要准备事务所的加班餐和回家途中需要购买的轻食，随着时间的推移销售量慢慢下降。	职员中回家的人数增加。对加班餐和回家路上需要购买的轻食的需求在增加，与早餐的高峰相比，销量和客户人数的波峰都在降低。	由于加班餐和轻食的动向变得活跃，确保简单易吃容易饱腹的商品的备货十分重要。注意确保柜台处的FF、夹心面包、副食面包、杯面等的存货数量。

②布局于临街处

→客人数量、销售量

一天销售量的分布

配合营业车辆和上班车辆的动向迎来高峰。但是波峰不是很高。

没有明显的高峰。也没有大幅度的下降。

迎来平缓的高峰并平缓地度过。

00:00　　　　08:00　　　　16:00　　　　24:00

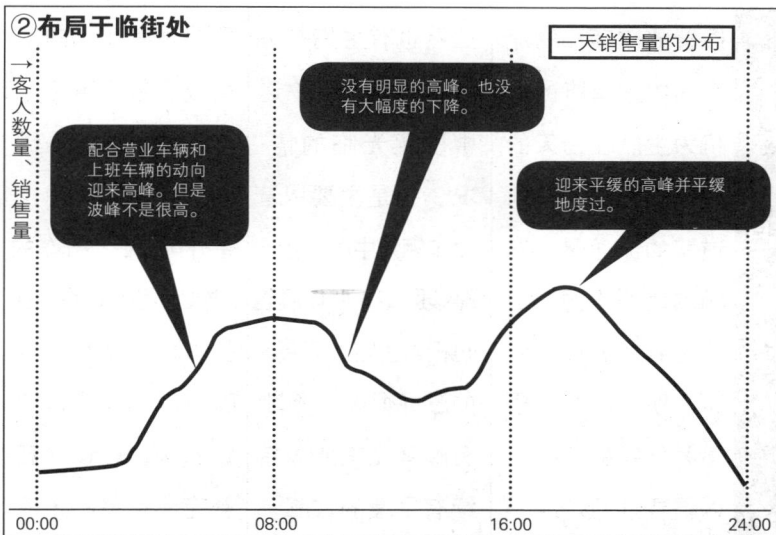

	特征	人的动向	商品的动向
早上（0时~8时）	位于临街处的便利店的销量由车的动向决定。除夜间、深夜进行货物搬运或者长距离行驶的车辆外，出勤车辆或者营业车辆等的通行量和比例也会使顾客对便利店的需求有所差异。主干道路沿线发生拥堵等情况下，顾客中途落脚去洗手间的情况也常有发生。	深夜或者清晨以后车的动向（人的动向）都有很大变化。深夜以大型车辆的司机为主，清晨之后上班出勤车辆的司机增多。由于两者都是走固定路线，光顾相同店铺的情况较多，容易成为固定顾客。	设想顾客在车里的场景，备货应尽量以可以在开车驾驶时也能吃的商品或可以单手食用的商品为主。此外，由于处于深夜或者上班前的时段，可能有清除睡意的需求，要注意各种咖啡、口香糖、糖的销售动向。

白天（8时～16时）	以营业车辆和物流车辆中途落脚的司机为主。在白天的时段里根据店铺前道路的流通量和车辆的比例不同，白天达到的波峰高度也有所差异。由于多为平缓的高峰所以需要注意。	虽然也有主妇在去最近的超市购物途中驻足光临的情况，但是主要以营业车辆为中心。由于路线固定，所以顾客也相对固定。早高峰的波峰很小，不断有顾客光临所以持续有平缓的波峰。	虽然也有在车内用餐或者带回事务所吃的情况，但是需要仔细研讨设想，备齐可以在不开车的时候食用的商品。饮品方面，茶和各种咖啡的动向变得活跃起来，应该注意补充库存量不足的商品。
晚上（16时～24时）	返回事务所或者回自己家的车辆，以及长距离行驶车辆、运货车辆等在出发前的需求比较多。因为回家的车辆需要在便利店买生活必需品等，一般来说布局在临街处的店铺也要增加应对住宅的需求。	以返回事务所或者回自己家的车辆为中心。因为回家的车辆需要在便利店买生活必需品，所以，应该尽可能满足包括顾客平时想在超市购买的商品需求。	因为顾客回家路上中途落脚的情况较多，注意要备齐面向早餐的餐食或者与第二天早餐相关的商品。在主妇或者女性顾客光临较多的店铺特别需要增加副食品相关商品的备货。

③ **布局于办公区**

→客人数量、销售量

去公司上班前的高峰时间

午餐时候的高峰和15时休息时间的小高峰

一天销售量的分布

傍晚之后有平缓下降的趋势

| 00:00 | 08:00 | 16:00 | 24:00 |

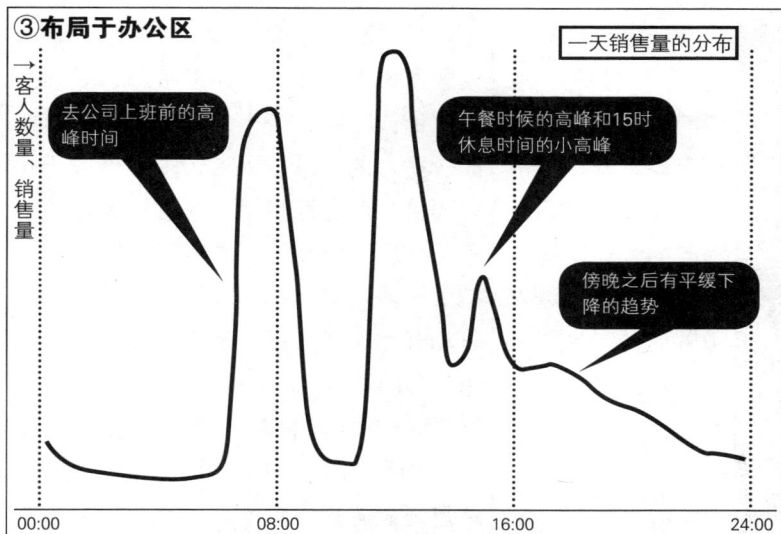

	特征	人的动向	商品的动向
早上（0时~8时）	在事务所即将开始工作的时间里迎来高峰。但是，由于周围没有住宅，上班前的时间段几乎没顾客，大多处于闲散状态。如果附近有饭店，深夜光临的顾客会比较多。	从最近的车站和公交站可以直接去事务所上班。有客流量的店铺在事务所即将开始工作的这段时间里迎来高峰。早餐类商品开始销售。	能在事务所吃的商品，还有其他能在事务所利用的商品开始有销售动向。饭团、面包、三明治和可以携带的健康食品类的早餐商品，以及咖啡、茶、牛奶、矿物质水等饮料需求的提高。

白天（8时～16时）	除了开始工作之前，可以预想到中午前后、午后3点也出现高峰。由于不同高峰期光顾便利店的顾客不同，重要的是做到深入了解这种特性并采取应对方法。	可以预想到顾客会光顾离事务所最近的店铺或者靠近公园、露台的店铺。要弄清楚哪方面事务所的顾客比较多，调查事务所的休息日和开始工作、结束工作的时间。特别要事先确认好中午休息的员工（是一起休息还是轮班）。	顾客对早餐类商品和下午3点休息时食用的小点心的需求较多。事务所红白喜事相关商品动向变得明显时，要注意奠礼袋等产品是否缺货。
晚上（16时～24时）	配合着事务所结束工作的时间缓缓地迎来傍晚的高峰，并不像白天那样混乱或者有大的高峰。因此很难弄清订货数量。由于月末、公司年末顾客需求有很大变化，有必要收集附近事务所的信息。	加班餐的购买量增加。因此加班餐多少会影响这个时间段的顾客人数。仔细收集自家店铺周围的信息，有必要采取确切的措施。	对加班餐的利用有所增加，对于填饱肚子的商品需求有所提高。不仅是简单用餐的商品，零食点心、巧克力、便宜的小点心、粗点心等，以这个时间段为中心，销量提高的可能性较大。

④布局于住宅区

→客人数量、销售量

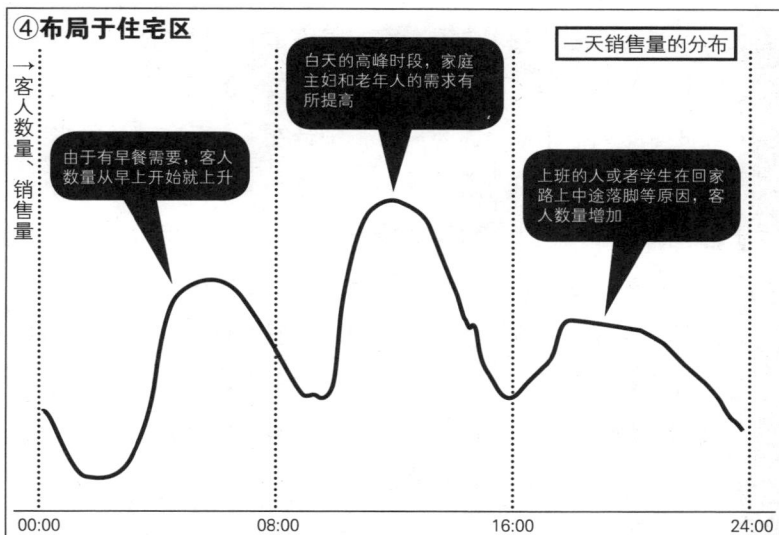

由于有早餐需要，客人数量从早上开始就上升

白天的高峰时段，家庭主妇和老年人的需求有所提高

上班的人或者学生在回家路上中途落脚等原因，客人数量增加

一天销售量的分布

00:00　　08:00　　16:00　　24:00

	特征	人的动向	商品的动向
早上（0时~8时）	早上的时间段上班或者上学的顾客早餐需求较多，这样交替来店的情况不断持续，没有大的高峰。此外，上班或者上学途中在外吃快餐的情况也很多。	紧急购入与早餐相关的面包、牛奶、纳豆、鸡蛋等，大多顾客是上班上学途中顺便购买商品。由于生活方式的变化，预计深夜光顾便利店的顾客也较多是住宅区的特征。	早餐相关的商品依次卖出。牛奶、面包、纳豆、鸡蛋等商品动向变得活跃，包括沙拉、副食品、人造黄油、果酱等紧急购入的商品动向变得很活跃。

白天（8时～16时）	可以看出家庭主妇和老年人对午饭、每日商品的需求动向。正午稍早时开始迎来高峰，过了中午依然持续高峰的情况也很多。由于附近商圈的居民来店比较多，商圈的调查变得尤为重要。	白天在家的家庭主妇和老年人为主要的客户层，预计在附近有公共设施和医院的情况下会有顾客光临便利店。调查医院的就诊时间和公共设施的利用情况，预计顾客的数量。	午餐类商品的动向变得活跃起来，比起有饭有菜的便当，以副食品、沙拉、烹制面食、轻食等为最优的商品需求有所提高。刚炸好或者刚做的柜台处的FF的销售动向变好。
晚上（16时～24时）	回家途中购物的顾客较多，可以预计顾客们会根据自己的情况选择去超市还是便利店。顾客们更倾向于在超市购买生鲜类、分量轻、价格低的商品。在便利店购买分量重、标定价的商品。	上班、上学归家的顾客为主要客户人群。单身者购买晚餐的情况有所增加。对酒和下酒菜有需要的顾客也在增加。估计也有为了买柜台处的FF而驻足停留的顾客。	晚餐和第二天早饭相关的商品动向变得活跃。便当、副食品、下酒菜、沙拉、柜台处的FF、啤酒、其他酒类、罐头、零食点心等即食商品，以及早餐类面包、每日商品的动向变得活跃。

46

⑤**布局于学校附近（高中）**

一天销售量的分布

→顾客数量、销售量

上学的时候顾客数量较集中，形成很高的波峰。

因为有的学校可能不允许午休时间外出，所以需要注意。

从下课到部门活动结束离开学校为止一直延续平缓的高峰。

00:00　　08:00　　16:00　　24:00

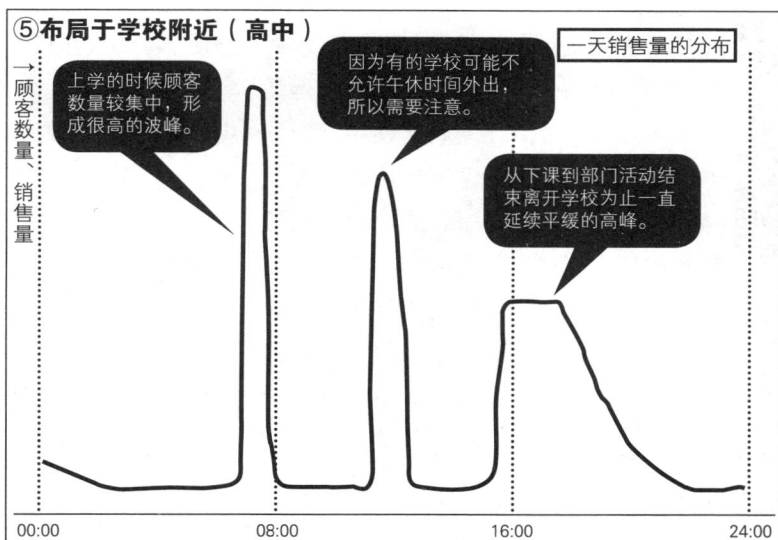

	特征	人的动向	商品的动向
早上（0时~8时）	参加部门活动、晨练、普通学生上学时顾客数量比较集中，形成高峰。学校附近的店铺兼有住宅区商圈功能的店铺较多，需要注意面向学生销售的商品特征。	以学生上学时间为中心迎来高峰期。在期末考试和长期休假的时候，顾客的动向与平时不一样，因此事先收集信息想好对策很重要。事先确认不同年级的预期计划。	价格便宜且高卡路里，容易填饱肚子的商品很受欢迎。大型夹心面包和蔬菜面包、500mL的纸盒牛奶、乳饮料等的销售动向突出。饭团和包子等商品也很受欢迎。

白天（8时～16时）	虽然学生在上课的时间不能来便利店，如果排除那些不让外出的学校，则高峰集中在白天。设想到包括女学生在内的早餐需求，备齐面向这类学生的商品十分重要。	虽然长期休假的时间有所差异，但是便利店在午休时候迎来了高峰。即使学校里面有提供饭菜的地方，如果午餐有人外出吃饭，那么与附近便利店的客流量增加是息息相关的。	像便当、烹制面食等商品以男学生为中心，特别是便宜又量大的商品十分受欢迎。也有不少自己带便当的学生由于吃不饱而购买面包。
晚上（16时～24时）	放学后或者直到部门活动结束，有一个平缓的高峰。特别是体育运动类部门的学生在回家途中落脚的人很多，可以用少量的钱满足旺盛食欲的商品受到欢迎。选择冰激凌、甜点、柜台处的FF（以串为中心）商品的人较多。	撇开部门活动不说，放学的时间由于年级和班级不同，下课时间会稍有差异，便利店的来店人数也呈现下降的曲线。其中也有下课时间为18点的学校。	销售动向集中于串类柜台处的FF、便宜的零食点心、粗点心、冰激凌、甜点等。比起购买塑料瓶类商品，高中生更偏向于购买1升纸盒包装的价格便宜的商品，这类商品的销售动向较好。

注意地区关于举办活动的信息

在订购这件事上，地区的信息也十分重要。

一个是在日历上标明的活动。

这类活动既有日本全国共同的集会活动，也有地域性较强的活动。后者如旧历的盂兰盆节和新历的盂兰盆节、正月和旧历的正月等。

因此有必要考虑这种差异性来建立一年中的活动日程表，以此来设想顾客们购买商品的变化，并将其反映在备货上。

另一个是地区性的活动。对便利店来说，附近地区的信息更重要（**如图表 9 所示**）。

比如靠近医院和学校的店铺，就要了解关于医院就诊时间、学校远足和部门的活动、街道清扫等信息，并进行与之相适应的备货，这样销售的机遇也就随之而来了。

为了收集地区的信息，活用住在店铺附近的工作人员的力量变得尤为重要。

孩子上小学外出兼职的主妇应该对学校的活动很了解。如果是家长会负责人的话，就更可能取得更详细的信息了。

如果有当地高中生打工的话，也就能知道学校内考试的日程等事情了。

借助店员的力量，他们的工作热情也会高涨。以地区的信

图表9　店铺应该收集的地区的主要信息

事务所 休息时间 职员人数 工作时间、 工作状态	**学校** 计划的部门活动 学校的庆典 计划的期末考试	**医院** 就诊时间 来医院的主要人群 来医院的人数
机关 上班人数 计划的活动、庆典 与年金相关等	**竞争店铺** 在公休日开不开店 备货 处理商品	**铁路车站** 始发、末班时间 上下车人数 线路巴士运行时间

息为主推动销售，并且取得成果的话，店员们就算不喜欢工作也会变得干劲十足。

此外，除了在所在区域进行销售外，也不能规避商圈的变化。

比如，定期关注商圈的变化，包括行政机关的信息，都可能提高订购能力。虽然行政相关的信息有新有旧，但也有关于国情调查、商业统计、工业统计、最近的车站上下车数等信息（见图表10）。

图表10 行政等主要的信息和活用信息的方法

国情调查	商业、工业统计
了解商圈内街道的人口动态分布是最值得信赖的行政资料之一。但是由于每五年调查一次，因此参考时要注意时效。由于与人口相关的统计包括不同年龄层的数据、就职人口、事务所数量、家庭数量等数据，所以对于商圈内的动态把握十分便利。比较实际来店的客户人群和居民的年龄层，可以看出没有考虑到的客户人群。	可以了解到商圈内事务所的活力。在店铺数量减少的同时卖场面积增大的情况下，郊外等地出现大型店铺，顾客的动向可能发生很大变化。可以捕捉到自家店铺周围包括其他业务形态的竞争环境的变化。
不同市镇村居民的基本账本	**最近的车站上下车数**
为了弥补五年一次的国情调查与人口相关的资料。可以把握细微的人口动态。大体上可以了解商圈内的人口和年龄构成。现在和两三年前比较，有利于预测自家店铺周边环境之后会有怎样的变化，人口的流入、流出又会变得怎样等。	JR以及各家私人铁路发布了各个车站上下车人数。由于很多情况下有几年的数据，可以看到这几年车站的潜力以及车站附近商圈的变化。由于人口数量比较固定，上下车客数激减的情况下，可以考虑到退休年龄的工薪族增加，暂时使用车站的人减少（访问商圈内事务所的人减少等）。

通过步行了解商圈的样子

　　统计的信息也有看得不全面的地方。统计的数据都是滞后于实际变化的东西，比起现在产生的变化，更进一步思考的话会更好。为了看到商圈真实的变化，最好的办法就是亲自在商圈走走看看。

这也取决于店铺的布局。随着公寓楼的开发、托儿所和幼儿园的开设、学校的合并与撤销、医院的开设、竞争店铺的出现和消失等，仅半年商圈的样子也都变了。

有一定距离的地方发生变化也会影响店铺。

建筑物等的开发和关闭，直接与顾客们的动向联结在一起。如果是干线沿线的店铺，车的通行量也很重要，车的种类会对顾客们的变化有影响。

虽然通行量有望增加的苗头出现了，但如果货车增加，停车场可能停不下。

街边的店铺在遇到支路或者高速公路开通、工期较长的公路施工等情况，需要稍微扩大收集信息的范围，有必要关注这些情况对自家店铺的影响。

还能细微地捕捉到商圈的一些东西。

实际在商圈内走走看，就可以观察到大家生活的方式和过日子的样子。比如，周围都是住宅的店铺如果看到住宅区阳台上晾的衣物、停车场的自行车、自行车的幼儿专用辅助座席就能大概了解居住者的家庭构成。

工作日和周末如果停车场的车辆数有很大变化，可以想象到去附近事务所的或者周末外出游玩的家庭比较多 **（参见图表 11）**。

图表11 用自己的眼睛去收集商圈的信息

住宅的种类	事务所的种类
在商圈中步行观察最重要的是确认住宅的类型，是一户建、集合住宅还是单身住宅。确认公共交通系统和住宅的位置关系，确认人流是否向着自家店铺。	在拥有饭店以及小卖店的大规模工厂，或者有外卖便当配送区的事务所较多的情况下，便利店的客人数量很难再增加。确认事务所的种类以及有没有用餐的地方、业务态势。
学校	**洗好的衣物**
附近有小学的情况下，一般孩子们利用便利店的机会比较少，但是在学校有运动会之类的活动时，顾客数量会增多。确认是否有学校以及开展活动的计划。	通过工作日白天晾晒的衣物可以了解这个家庭的家族构成。到傍晚一直都晾着衣物的情况下，可以设想为成员是都在外工作的家庭或者单身家庭。可以了解到家族人数以及构成的大体占比。
停放自行车的地方	**停车场**
带有儿童专用辅助座椅的自行车较多的话，可以设想有孩子的家庭比较多。如这类带有辅助座椅的自行车白天停放的时候比较多的话，可以设想为在家的比率比较高。	从工作日和节假日停车台数的变化，可以了解上班时车辆的利用情况。用车较多的话，可以设想客人会在上班或者回家的时候光临便利店。
车辆的种类	**公共设施**
如果准备幼儿专用辅助座席的车辆比较多，可以设想有孩子的家庭比较多。这样的商圈由于在休假日车辆外出的机会增加，可以期待顾客在休息日的傍晚光临便利店。	从游泳池和图书馆等公共设施可以看出开馆时间和使用者的属性。最好根据工作日的白天和傍晚、夜间闭馆日等状况仔细研讨自家店铺的备货。
医院	**团体设施**
确认诊疗科目、休诊日、诊疗时间。整形外科、眼科等医院，老年人利用的比较多；儿科和内科，小孩子利用较多。	在有定期聚会的情况下，会提供简单的餐食。了解相关设施的有无以及聚会的日程关系到预订商品的机会。

POS 数据的正确应用

从以前的信息可以看到至今为止哪些商品依然受到欢迎。这时 POS 数据就成为了有力的线索。

一般来说如果要了解一年中的动向，确认去年同一周的数据就可以。如果想知道最近的动向，参考过去一周或者两周内相同日期的数字就可以了。

比如，与去年比较销量高低的时候，显示数据与去年不同的话必定有什么理由。可能是因为天气和气温的差异或者商圈的变化、订购量的差异等，弄清楚销售量变化的原因就可以了解应对方式。

此外，从不同时间段的数据可以读取到自家店铺销售量的倾向。了解特定商品在不同时间段的销售量可以确认机会损失以及产品废弃流失的动向。

POS 数据的要点是面对从大到小的变化进行分析。

首先，捕捉商品分类不同销售量的变化。例如，可以看到米饭这一类商品全体的销售量变化。

人们经常说"一叶障目，不见泰山"，如果只是一味追求个别产品的动向恐怕会招致错误的判断。

为了抓住整体的方向感，应该把握住大的商品分类的动向。

其次，在没有特别理由而销售量有明显变化的情况下，要看其下分类。就拿米饭的例子来说，可以通过冷冻便当、寿司、便当、饭团等小单位的变化来看。

另外，如果有必要，要看每个产品和每个时段的数据，这样应该就能渐渐了解销售量变化的原因（**参见图表 12、图表 13**）。

但需要注意的是有各种各样的原因会影响销售的结果。

比如，订购数量不足导致卖场没有商品，自然销售量也不会增加。商品总放在货架的角落的话，顾客们也就很少会看见。

商品卖出去或者卖不出去都是由很多条件引起的，最重要的是弄清楚其中的原因。

图表12　活用POS数据的流程

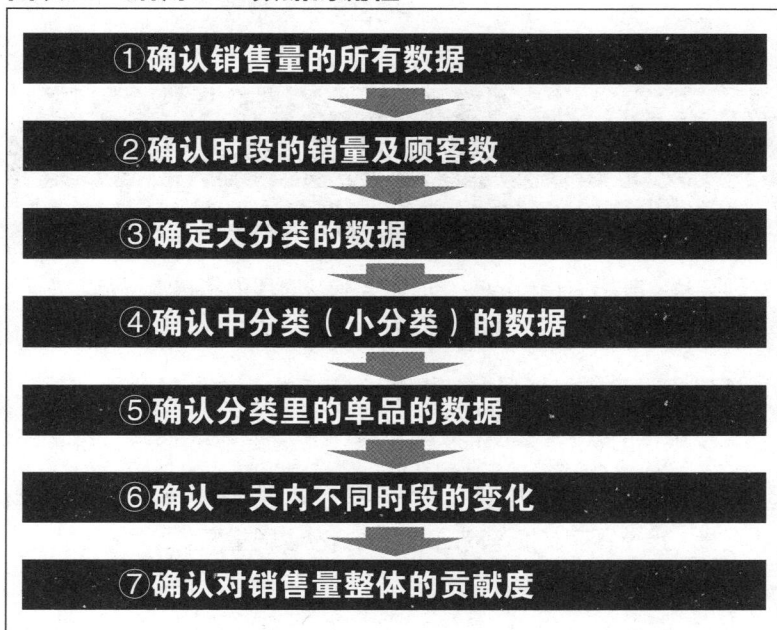

①确认销售量的所有数据

②确认时段的销量及顾客数

③确定大分类的数据

④确认中分类（小分类）的数据

⑤确认分类里的单品的数据

⑥确认一天内不同时段的变化

⑦确认对销售量整体的贡献度

图表13　活用POS数据的6步

①确认销售量的所有数据

经常确认全体的销售量捕捉其变化

单品管理中通过反复观察全体的数字和单品的数字可以使店铺面临的课题和问题显在化（易发现）。特别需要经常确认整体的销量。与去年、上个月、上周相比发生的变化，确认天气、气温、举办活动等条件的差异，发现销量变动的时候要明确为什么会发生变动以及对之后的预测。根据情况不同，为了弄清销量减少的原因，要确认商圈内家庭属性的变化和来店客户人群随着时段推移的变化。虽然亲眼确认商圈的变化十分重要，在这之前大的变化可以从POS数据来把握。

②确认时段的销量及顾客数

根据时段通过分析找到对策

发现某月、某周有销量的变化时，要确认时段的销售量以及客户人数的变化。根据日期的变化、时段的变化、客单价高的时间段、客单价低的时段等，通过时段分析会更明确自家店铺的特征。一般来说根据时段，客单价发生变化一定有必然的理由。客单价低的时候，由于没有顾客想要买的商品，销售数会减少。再次确认备货、接待顾客、推荐商品销售的情况也很重要。

③确定大分类的数据

从分类单位的销量中发现问题

发现店铺整体的销售量发生变化的时候，确认商品分类单位的变化。店铺的销售量正是由单品的累积实现的。如果说正在为整体销售量苦苦奋斗，那么一定有销售量下降的分类单位。首先应该确认的就是大分类。如果所有大分类的销售量都有所减少，那么就需要采取增加客人数量的对策。特定大分类的销售量突减的情况下，需要确认中分类、小分类等商品的销售量，从而弄清问题所在。

④确认中分类（小分类）的数据

分析更细致的分类单位，了解强项和弱项

通过大分类也无法弄清楚的问题，就有必要分析其下面的细分类。通过中分类、小分类的数据，根据强弱分配、空间扩大还是缩小等，有利于商品的陈列。比如，零食小点心有袋装零食，杯装零食、薯片，那么应该以什么为重点分配空间呢？所以要活用下位分类的数据。在中分类、小分类的销售量发生突减的情况下，要确认陈列数量和有没有引入新商品。由于引入强有力的新商品引起销售量与去年同期相比有突出变化的情况，需要仔细探讨通过其他分类来确保销售量的方法。

⑤确认分类里的单品的数据

从单品数据来确认难以卖出的商品

观察单品的销售数据就会了解商品的动向。平时我们都会确认畅销商品频繁的动向，但在单品投入后，有必要确定动向迟缓、难以卖出的商品。卖不出的商品有很多定义，商品投入之后像日用杂货、加工食品4周内，或者点心、冰点、酒类两周内销售实际业绩为零就可以说是难以卖出的商品。但是，通过改变陈列位置或者摆放相关商品等在卖场推销的方法也能提高销量。通过单品数据淘选出卖不出的商品时，重要的是时刻想着如何应对。

⑥确认一天内不同时段的变化

通过单品的销售数据来减少产品废弃损失

验证每日商品的情况下，确认不同货次下、不同时段的销售数量很重要。米饭、蔬菜、三明治、面包等需要通过时间进行销售管理的商品，需要确认时段的销售数据，彻底消减产品废弃损失和机会损失。特别是时段内销量有很大变动的商品，因为有必要增减订购数量，要注意单品的销售动向。此外，对于销售数量和损失数量，有必要弄清楚为什么会出现这样的结果，是不是设想不对等。

假如某种商品销售量少，在不考虑其他条件的情况下，仅因为"卖不出去"就减少订购量，恐怕会使有可能卖出的商品出现机会损失。

有必要慎重观察 POS 数据。

天气、气温等未来的信息

最后是关于未来的信息。未来的信息由天气、气温信息和地区活动信息组成。

其中最重要的就是天气、气温的信息。根据天气、气温条件，商品的销路有很大的变化。

和昨天相比的温度差、风的吹向给体感温度带来的变化都会影响商品的销量。

从购入商品到销售商品之间，天气、气温将有什么样的变化，订购的时候都需要预测到。

因此要提前确认天气预报，而且必须反映在订购上。

比如，预计到气温骤降的情况下，要考虑顾客们需要什么之后再进行订购。

此外，地区活动的信息虽然不像天气、气温那样不确定性很大，但也在很大程度上左右着销量。除了学校举办活动或者祭典之外，运动公园举办活动等信息通过询问机关或者店员进行收集也很重要。

设想　经商的妙趣就在于此

3个要点

① 了解光顾自家店铺的顾客们。

② 没有商品相关知识不能提出设想。

③ 通过矩阵提高备货精度。

利用信息建立设想的方法

收集完信息后就是提出设想。这种将信息置换成商品的作业既是经商的妙趣所在，也是店铺最应该考虑的事情（**参见图表 14**）。

此外，在提出设想的时候最重要的是事先明确"为什么这样考虑呢"，弄清楚理由才能对结果进行确切的验证。

另外，当周日附近的公园有地区运动会的时候又要准备什么样的商品？准备多少呢？这样的思考就是"提出设想"的工作。

图表14　建立设想的方法

天气、气温	特别是每日商品根据天气、气温条件，卖出的商品也不同。比如烹制面食，气温高的晴天凉面卖得好，气温低的时候热面卖得好。此外，与昨天相比的温度差也很重要。最高气温相同的情况下，要是温度比昨天低了，体感温度就会下降，温度比昨天高了，体感温度就会上升。
星期几、时间	工作日、周末、节假日顾客们的购买活动不同，花费的金额和卖出的商品也不同。另外，发工资、奖金、年金的日子等也是建立设想时应该重视的条件。
客户人群	客户人群不同，喜好也不同。地区运动会在附近举行的时候，孩子们主要想购买的是金枪鱼类饭团，但是父母给孩子购买饭团的情况下，一般会购买希望缓解孩子疲劳感的梅干饭团。
其他详细条件	追加关于商圈和举办活动等详细条件可以提高设想的精度。通过追加之前地区运动会的时候参加者的主要年龄层，以及有没有为运动会工作人员提供餐食和饮品等条件提出设想。位于事务所的便利店最好考虑事务所的规模和假想事务所内的设备来提出设想。

在这个例子中"周日""附近的公园""地区运动会"是关键词。要确认举办运动会当天的天气、气温的预报，试着考虑是卖凉的商品还是热的商品。

如果能追加运动会的规模、参加者年龄等其他信息，就可能提高订购的精度。以收集到的信息为基础，考虑什么商品会卖得好即是提出设想的重点。

在这里需要注意的是弄清自家店铺的顾客。

当便利店需要处理的商品增加时，像之前提到的那样维持高销售效率就逐渐变得困难起来。

这对于要吸引女性或年长者等新顾客，或者与生活区密切联系的店铺来说，也是便利店向下一个阶段发展的必经过程。

但事实上如果只去适应新客户人群的便利性，会很难提高销售量。作为提高销售量的前提不能忘的是，要正确订购符合自家店铺顾客需求的商品来布置卖场。

不了解商品就无法提出设想

另外在提出设想的时候对商品的理解十分重要。即使得到了天气、气温、客户层的信息，没有商品相关知识也是无法决定顾客们想要什么商品的。

我们来考虑下蛋黄酱的例子吧。

蛋黄酱这类商品无论是哪个连锁店都应该有几个推荐商品吧。从分量上来看有 500 克、300 克、200 克、50 克袋装等。从功能上来看，除一般商品外，还有零卡路里、低胆固醇等。

此外，就牌子来说有驰名品牌（NB）和私人品牌（PB）。

一般来说较强的 NB 和 PB 搭配起来进行备货的店铺比较多。

必须从这些选项里挑选适合自家店铺的商品。随意地建立设想、挑选商品的话势必不能满足顾客们的需求，会变成"果然蛋黄酱卖不出去"的样子。

如果是在办公区的店铺，有一个应该考虑的问题就是附近的事务所是大企业吗？如果是办公区内设备完善的大企业，就一定准备了职员们公用的大型冰箱吧。

这样的话，可以预计在中午食用的便当中使用的 500 克蛋黄酱会有购买需求。

相反，如果配备冰箱的事务所较少，可以说顾客们最需要的是 50 克或袋装蛋黄酱。越是提高信息的准确度，信息置换成商品就会越顺利。

即使是刚才提到的地区运动会，不仅是便当和饭团，还可以了解准备软饮料怎么样？顾客会不会喝酒呢？

此外，追求像是否给运营工作人员提供便当等信息的内容和深度的话，可以使信息置换成商品更加顺利。

另外，"这种情况下手卷饭团要怎么备货"也应该考虑好吧。

• 金枪鱼蛋黄酱的饭团应该卖给什么年龄层的顾客呢？

• 天气预报为天气晴朗、气温上升的情况下，梅干饭团的销路怎么样呢？

● 冷风瑟瑟的日子里什锦饭团和红小豆饭团怎么样呢？

这样从收集到的信息中千挑万选出商品，设想各种各样的销售方法就能提出完美的设想。

"矩阵"的思考方式

订购的时候矩阵的思考方式也很重要。矩阵是指价格、分量、内容等，基于对商品特性的考虑按照不同属性的顾客们将商品群组化的思考方法。**图表 15** 表示的就是便当商品的矩阵。

就像之前说的那样，便利店在 1 天之内不同时段里，客户人群是不断变化的，如果能了解不同客户人群适宜的商品就能实现所希望的备货。

根据负责人的成功经历，虽然对订购很有信心，但是这种矩阵的思考方式可使每个时段的备货最优化。

比如，附近事务所为即将来临的期末做准备而处于慌忙的状态下，就近解决午饭的需求就会增加，准备希望工薪阶层、OL 等购买的商品、订购商品就好了。

活用矩阵的最有效的一类是像便当、烹制面食等应对顾客某一种需求的、选择范围很广的商品。

这种面对相同需求有一类商品且有很多选择的情况下，重要的是活用矩阵能显示出目标客户和适宜商品的搭配。

图表15 便当商品的矩阵

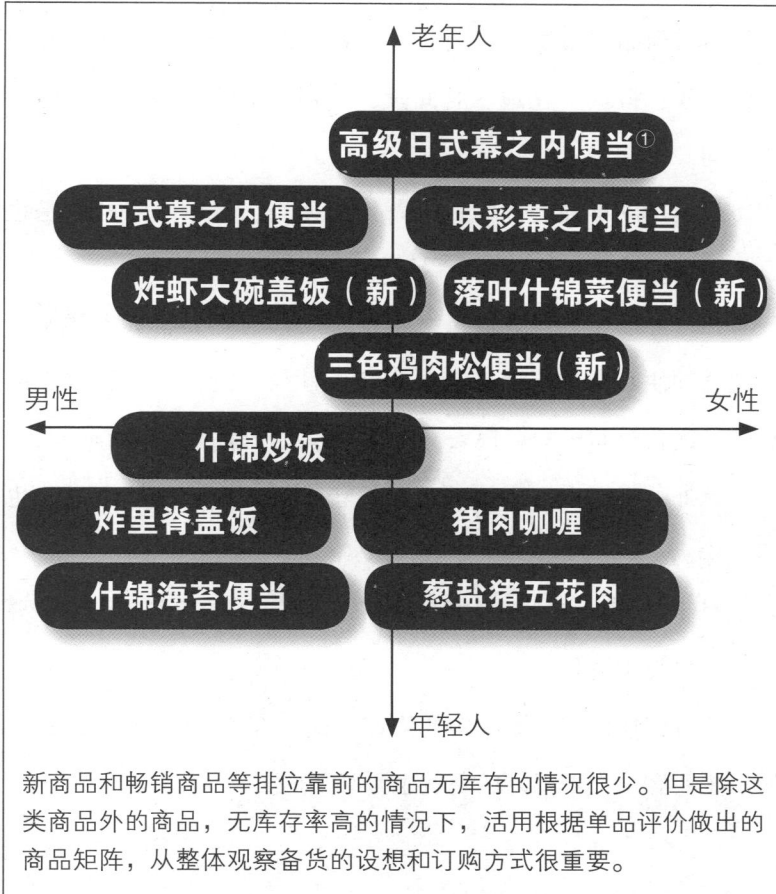

老年人

高级日式幕之内便当①

西式幕之内便当　　味彩幕之内便当

炸虾大碗盖饭（新）　落叶什锦菜便当（新）

三色鸡肉松便当（新）

男性　　　　　　　　　　　　　　女性

什锦炒饭

炸里脊盖饭　　　　猪肉咖喱

什锦海苔便当　　　葱盐猪五花肉

年轻人

新商品和畅销商品等排位靠前的商品无库存的情况很少。但是除这类商品外的商品，无库存率高的情况下，活用根据单品评价做出的商品矩阵，从整体观察备货的设想和订购方式很重要。

① 幕之内便当原本是在观看歌舞剧等戏剧时，一种在剧目和剧目间休息的时候（戏剧中舞台帷幕降落期间）吃的食物。作为这种在帷幕里吃的便当固定下来，为了即使在饭凉了的情况下也能美味地食用，添加了很多不容易变质的煮制小菜。

另外，矩阵也是在不断进化的。

所有商品都是设想主要目标人群而开发的，但是在实际销售的时候，根据所在地、时间段、个别店铺的销售方法等会变得不同。

虽然是以年轻女性为目标开发的便当，但令人意外的是也有年轻男性或者年长顾客买得比较多的情况。

在这种情况下，既可以把年轻女性作为主要目标人群又可以把这种便当当作预计能满足年轻男性需求的商品，根据新的矩阵，配合时间段的客户人群进行订购比较好。

此外，根据自家店铺的每日销售水平，矩阵的使用方法也不一样。

对于每日销售量少且顾客少的店铺，应该配合来店的主要客户人群集中备货。

每日销售量多且顾客多的店铺，由于客户人群的范围较广，所以主要客户人群以外的备货也是必要的。

决定订购数量的难点

建立设想的话就要决定订购的数量。如果订购量过多会增加废弃商品的损失，如果订购量少又会造成机会损失。

由于无论哪种情况下都会对店铺造成很大的损害，所以这不是个简单的决定。

通过收集各种各样的信息来决定如何备货是比较容易推行的，但很多时候面对损失风险的时候，难免会感到迷茫。

那么，在决定订购量的时候需要注意些什么呢？一个办法就是通过至今为止顾客购买商品的比例来决定订购量。

一种方法是先查找出在以前特别的日子来店购买这种商品（或者近似商品）的顾客数的比例，然后乘以在购入商品的日子里预想的顾客数量，以此来决定订购数量。

但是由于是计算平时购买东西顾客的比例来进行的订购，当附近有运动会或者气温突然上升的时候就要增减订购量，这时候也会增加机会损失和产品废弃损失的风险。

在这种情况下，应该寻找与地区活动等相似条件下最近的销售数据，来计算购买商品客户人数的比例。

在举行同样的地区活动的日子，应该从一类或者单品的销售数据来判断订购日的销售数量。

卖场布置 根据卖场地点不同销路不同

(3个要点)

①卖场布置的前提是削减难以卖出的商品。

②从杯面开始尝试对难以卖出的商品进行管理。

③店员的交流能力左右订购能力。

创造能反映订购的卖场

接下来就是卖场制作。

即使建立了正确的设想，如果不反映在卖场中也不过是画饼充饥。

为了订购新商品，在卖场进行宣传，前提是确保适当的位置和排面的摆放数量。考虑到卖场的宣传，首先要从削减难以卖出的商品开始。

疏忽了接受这类商品的准备会变得很辛苦。强行将商品塞到仅空出一点的地方，不能充分确保排面摆放数量就会导致把商品放在后院仓库的情况出现。

这恐怕会造成费尽心力的订购被白白浪费。

那么，在处理新商品之前要提前做什么准备呢？

最先考虑的应该是商品陈列的位置。这时候应该注意的一项原则就是不变更所有在销售商品的位置。

引入新商品时，一般来说采用扩大最上部分的空间来进行宣传的方法。但是如果最上部分是畅销商品，即使是引入了新商品也要避免轻易改变畅销商品的位置。

"想要购买的商品没有了。"

应该从经常光临店铺的顾客们那里听到过不少这样的话吧。

确实，销路不理想的时候就不得不削减某些商品。而且根据店里的情况改变商品陈列位置之后，容易使顾客找不到商品。这样就导致顾客们不购买商品，从而造成机会损失。

为了避免这样的风险，特别畅销的商品应该尽可能不更改位置。

接下来考虑一下排面的摆放数量。

便利店中有增加备货的倾向，因此会采取增加货架高度等措施，但是商品种类不同，会使卖场陷入狭窄拥挤的情况。比如在加工食品和日用杂货的卖场，大部分店铺都是一类商品一个区域。

但是，这样的话卖场就不能做到张弛有度，不能提高特别想卖出的特定商品的视觉认知度。

特别是对新商品来说，尽可能扩大排面的摆放空间是最基本的，但有必要考虑活用 POP 广告（point of purchase，卖点广告。商店为激起消费者购买欲望而在店内外展示的广告）等以确保商品排面摆放的位置，还需要考虑使商品变得显眼的方法。

削减难以卖出的商品时的规则

为了提高订购能力，整顿卖场环境十分重要。要削减难以卖出的商品、确保引进新商品的空间。

最苦恼的就是，如果处理掉难以卖出的商品就会"减少利益"。

如果进行打折销售，毛利就会减少。但是如果就这么放着难以卖出的商品，不引进新商品，卖场的效率就会越来越差。

所以应该认识到削减难以卖出的商品是为了提高销量而不可避免的事。

店里也会有像"这是常客经常买的商品呀"这种情况发生。应对顾客们的需求很重要，但是，在 40 平方米的卖场里满足所有顾客的需求是不可能的。

应该好好地向顾客说明店里的情况，如果有必要就要仔细探讨后备存储室商品库存等方法。

那么应该怎么削减难以卖出的商品呢？从结论上来说应该根据范围和每个商品的情况由各个店铺制订规则。

关于削减的方法可以选择单纯地根据销售数量避开销售量少的商品备货，或者削减一周内完全没有销售的商品等。

但是，如果以削减一周内完全没有销售的商品为规则，像商品周期较慢的加工食品、日用杂货等就要全部下架。

这类商品无关销售数量，通过维持必要功能来提高卖场的魅力也十分重要。

销售数量少但毛利率和毛利益额较大的商品应该怎么办呢？这样的商品卖出一个，利益贡献也可能超过销售量多的商品。

此外，不同商品种类的削减基准也有所不同。袋装咖喱和意大利酱的标准不同。根据店铺所在地的不同，标准也都在变化。

也就是说因为有这样那样的条件，所以削减卖不出商品时，有必要由不同店铺制订自己的规则。

如果说你的店铺因为总店的推荐取消等，正要处理难以卖出的商品，首先应该尝试制作自家店铺杯面类商品的削减规则。

杯面是一种频繁出现新商品又很受欢迎的定型商品。在杯面卖场，每周都会引入新商品、削减难以卖出的商品，一边观察新商品和定型商品的销售动向，一边研究难以卖出的商品并制订规则就好。

如果能做到这一点，就可以扩展到其他商品的削减规则的制订。

加工食品、日用杂货、冷冻食品等容易出现难以卖出的商品。与开架陈列商品相比，无论哪一种都是商品周期缓慢、销售效率低的类别。

削减日用杂货中难以卖出的商品时的要点

就像之前提到的那样，削减难以卖出商品的规则根据所在地、客户人群、销售量，每个类别的商品都是不同的。

我们从规则的制订方法来考虑下日用杂货吧。

虽然根据所在地和客户人群有所差异，但一般日用杂货的销售效率都不是很高。

所以，在判断是否属于难以卖出的商品时，有必要花费比其他种类商品更长的时间去观察。乃至要花费 3 到 4 周的时间观察销售动态。

需要注意的是日用杂货根据天气、气温、湿度等条件，销售数量会有很大变动。虽然现在卖不出去，但是由于天气、气温的变化突然卖出去，也有倾售一空的情况。

比如我想大家都经历过流行性感冒或者花粉飞散的消息传播起来时，平时不怎么销售的口罩会突然卖出去甚至断货。

虽然程度不同，但文具、便携式暖手宝、各种洗剂、轻布料等商品也都是这样的。

即使平时不怎么好卖，但是为了防止某个时期突然卖出去，有必要保证一定的库存量。

与之相比，化妆品、日用品、手机、床上用品等，几乎看不到天气、气温、季节等对其销售量的影响。

即使销量稳定，也会有顾客突然有购买需求。所以可以说判断什么样的商品难以卖出是十分困难的。

面对这些商品，需要根据不同的使用方法来决定削减的规则（**参见图表 16**）。

削减加工食品中难以卖出的商品时的要点

加工食品分为咖啡、茶等嗜好品，农水产干货、调味料、软罐头食品、混合调味料等烹调相关类，杯面、即食味噌汤、营养辅助食品、果酱、黄油等。就是说加工食品与可以立即食用的便当、副食品等可以在家里吃的外卖食品不同，是以应对平时饮食生活需求为中心的商品。

虽然这类商品需要在确认所在地和客户人群之后，判断如何备货及是否是难以卖出。但前一类多是不可代替的商品，即使销售动向不好，是否要削减这类商品也应该慎重考虑。冷冻

图表16　削减难以卖出的商品的要点

日用杂货	对于是否属于难以卖出的商品，要比其他种类商品花费更长的时间进行判断。为此要花费3到4周的时间。要注意由于天气、气温、湿度等条件的变化，销售数量有很大变动。流行性感冒或者花粉飞散的消息传播起来时，平时不怎么销售的口罩会突然卖出去甚至断货。化妆品、日用品、手机、床上用品等，几乎看不到天气、气温、季节等对其销售量的影响。也会有客人突然有购买需求，所以可以说判断什么样的商品难以卖出是十分困难的。
加工食品	加工食品分为咖啡、茶等嗜好品，农水产干货、调味料、软罐头食品、混合调味料等烹调相关类，杯面、即食味噌汤、营养辅助食品、果酱、黄油等。前一类因为多是不可代替的商品，所以对于是否要削减应该慎重考虑。由于后一类商品，顾客喜好明确，制造商的产品更新换代很快，所以选定难以卖出的商品并不是很难。定型商品卖不出去的情况下，在决定是否属于难以卖出商品之前，应该确认没有陈列位置和排面摆放数量不足等卖场布置方法不当的问题。

食品也被归为这一类。

此外，对于后一类商品，顾客喜好明确，由于制造商的产品更新换代很快，所以选定难以卖出的商品并不是很难。一般来说1周以上没有销售动向的商品就可以视为难以卖出的商品。

还有一个问题，就是定型商品卖不出去的时候应该如何应对。

比如，像泡面这种定型商品中的酱油味泡面卖不出去的情况，或者即食味噌汤这种定型商品销售不出的情况。

这类商品销售量不好的时候，在决定是否属于难以卖出商品之前，应该确认没有陈列位置和排面摆放数量不足等卖场布置方法不当的问题。

在其他店铺畅销的商品，在自家店铺却卖不出去的情况下，背后的问题多半在于卖场。因此，好好确认卖场的问题是判断是否属于难以卖出商品的前提。

由于点心类也是频繁推陈出新的商品，所以判断是否属于难以卖出的商品时，需要以比其他商品销售动向较缓的商品为中心。

点心类商品也有一点需要注意，那就是卖场空间的问题。

点心类商品属于容量差很大的商品。从大袋的薯片到粗点心类，容量有很大差别。

所以，如果只看 POS 数据、避开卖不出去的商品，又没有代替的商品填补卖场，这样就会造成空缺。

此外，点心和杯面一样属于冲动购买较多的商品。会因为卖场的位置、排面摆放数量等宣传方法不同，销路有很大变化，所以不能机械地判断为难以卖出的商品。

判断是否是难以卖出的商品不能机械地只看 POS 数据，要谨记最重要的是仔细探讨所在地、客户人群、代替商品、卖场位置等问题。

订购和卖场布置的联动很重要

另外，为了创造出好的、能反映出所订购商品的卖场，重点在于订购和卖场负责人的交流。

先不说店长和正式员工的不同，店铺里还有每日轮班的兼职员工。虽然说如果自己每天都在店里下订单、第二天收货，以自身想法为基础布置卖场就好，但一般都是其他店员实际陈列你所订购的商品。

订购和卖场由不同职员负责的时候，卖场负责人在多大程度上理解了订购负责人布置卖场的意图的差异，会让商品的销路产生变化，也会影响销售结果的验证工作。

如果摆放商品的人没有在订购负责人预想的位置摆放预想数量的新商品的话，商品的售卖方式就变了，也就做不到正确地进行验证。

因此，为了订购和卖场的负责人可以准确无误地沟通，建议订购负责人制作"卖场陈列指示书"。

像订购食品杂货时，周一、三、五进行订购，第二天中午之前截止订购，当天晚上交货的情况下，订购负责人可以告诉第二天负责陈列的人员如何布置卖场。

陈列负责人按照指示布置卖场，第二天出勤的订购负责人确认商品的销路和卖场的状态，根据需求对卖场进行修正。这样的流程下来，就形成了订购、陈列的周期循环。

此外，一周内订购的货品的位置也会发生变化。周一布置卖场，周三对卖场进行维持，周五面向新商品的引入，根据商品是售出的少了还是销售一空来改变卖场。应该使订购和陈列联动起来，让卖场持续运作下去。

为了确实地传递作业指示，最好准备专门的交流笔记本。

便利店里平时掌握后备存储室情况的人不在时，如果采用用便笺记下来等沟通方式，就不会造成太大的风险。

与记载打折或特价活动等信息的业务联络笔记不同，制作"作业指示专用笔记"的目的是遵照相同商品项目内容的记录规则，彻底贯彻大家之间的交流。

比如，要明确记下卖场大的变动、货架上层的范围、每个商品的表面摆放数量、撤到后备存储室的商品、陈列的注意点等。

验证　不为喜忧干扰直面问题

3个要点

①结果的数字情况影响很多事情。

②试着深究为什么商品卖不出去。

③不仅是数字，把结果说出来也很重要。

为什么与设想不同呢？

验证并不应该只看结果而一时欢喜一时忧愁。验证指对最后的订货进行总结整理，分析为什么商品卖出去了、为什么商品没卖出去。

商品卖出去了是因为有很多附加的要素。特别要考虑的是为什么商品卖不出去。

比如是不是收集的信息精度和深度有问题？或者是不是预期的顾客并没有光临便利店？

应该在卖场中间销售的商品，为何却摆放在边上？是不是

78

因为没有充分向顾客们宣传商品，所以顾客们才没有买呢？

卖场的排面摆放或者 POP 广告张贴的位置不对，还是因为叫卖、试吃的销售方式贯彻得不够呢？

不仅要在充分考虑后决定如何订购，还必须弄清楚与销售无关的理由。这就是验证。

如果最后没弄清整理由就降低对商品的评价，下次开始减少订购数量，这样可能会陷入紧缩均衡的困境。本来很有力的商品，却因为错误的销售方法等而无法充分发挥商品力。

此外，深入思考 POS 数据的数字含义也是一种验证。

根据星期几、天气、气温销售量会有很大变化。晴天时畅销的商品、雨天时销售动向好的商品、随着气温上升开始卖出的商品、降价的时候能卖出去的商品等，要经常确认不同商品的特征，重点是弄清迎合自家店铺顾客的动向，什么时候、什么商品销售了。销量也会因仪式、活动发生变化。

即使是同一类商品，商品的动向也完全不同。可以说考虑"顾客在什么时候、会需要什么商品"这一问题时，最重要的就是明确每天的订购和备货情况。

验证的结果不仅是数字的形式，还要换成语言的形式保留下来。这样才能和各部门负责人一起研究店铺所有商品销售动态并进行活用。

第 **3** 章

通过事例学习"改善订购"

改善订购 确认现有的状况提高订购精度

3 个要点

①首先再次确认客户人群和商圈是否有变化。

②确认每个时间段销售的商品。

③避免没有设想、随心所欲地订购。

验证结果,改善订购

验证订购的结果并思考改善下一次订购是十分重要的。改善订购首先要回顾客户人群和商圈有没有变化。

对于自家店铺销售的影响因素,需要细致地确认商圈的变化。比如设想到的同行竞争店铺,占据自家店铺主要客户人群的事务所、学校,定下工期的工程等。

伴随商业设施的开设,考虑来自家店铺的顾客活动路线的变化,最好亲眼确认商圈的变化。

此外,伴随着商圈的变化,主要的客户人群和顾客的年龄层也可能发生变化。

根据积分卡和客户人群按钮①来增加客户人群的相关数据，店长、店员本身可以通过观察卖场的客户人群和购买行为来重新确认自家店铺的主要客户人群。

特别是对于 24 小时营业的便利店来说，时段不同、客户人群也在发生变化。通过时段来确认客户人群有利于改善订购。

确认每个时段的客户人群和销售

同样，从现在的销售数据来确认每个时段销售量多的商品。通过这个就可以了解随着客户人群的变化，主要销售商品的变化。

可以看出位于办公区的店铺，早上的销售情况以少量的便当为主，中午时常规尺寸的便当销量会增加。也可以看出位于住宅区的店铺，周末的时候价格较高的便当会产生销售的变化。

通过这种确认工作可以明确自家店铺的客户人群和自家店铺需要的东西，进而开始改善订购。

如果能确认不同时段的客户人群和主力商品，沿着这个线索就能构建最合适的备货和订购环境。

---

① 在收银台设置的按钮。为了知道来购买商品的顾客处于什么年龄、买什么东西而设置的按钮。

"二十多岁的女性⇒迷你便当""施工相关人员⇒量大的便当",像这样整理出每个客户人群最适宜的商品,并制作出商品矩阵,以此为基础根据不同时段挑选重点商品,设想出最适宜的备货方式。

以这种备货方式为基础实际进行订购的时候,确认销售数量有什么样的变化。

没有达到目标数量的商品或者比预期销售数量多的商品等,要根据不同的销售结果弄清原因,继续筹划下一次的设想。

重复这样的步骤会逐渐接近最合适的备货方式,使订购的精度不断提高。也就是"订购能力"在逐渐提高。

为了有效地进行设想和验证,修正信息收集和订购的步骤,提高重点商品的视觉认知度等卖场布置的改善也十分必要。

对于信息收集,不仅要挑选出详细的信息,还要留意时段的问题来进行订购。

对于卖场布置,也是尽可能扩大重点商品和新商品的摆放面,布置在目之所及的地方或者无盖货架的最下面,以提高视觉认知度。

如果没有这种基本的陈列技术,最后的销售数据恐怕会失真。例如,由于表面摆放的商品数量少,会苦恼于如何提高增量订购新商品等。

避免没有设想、随心所欲地订购

另外，要避免没有设想、随心所欲地订购，应该基于实际需求进行订购（**参见图表 17**）。

首先，使用商品矩阵，防止遗漏适宜主要客户人群的商品十分重要。也可以通过矩阵看出不顾一切设想、突然停止订购正在售卖的商品，或是为了图省事而进行订购等情况。

其次，对于新商品的订购意识过高，在引入新商品的时候设想会有稳定的销售，因此就将这种商品纳入畅销商品的行列，结果会导致销售量下降。

对于销售量少的商品，由于疏忽了订购所以缺货，而使之不能增大订购量，只能维持定量的情况也不在少数。

这样推进订购的改善，即使处于每日销售量增加困难的状态，也会产生销售好转的机会，可以发挥出应对竞争店铺的竞争力。

图表17　改善订购的推行方法

步骤	重点
再次确认自家店铺的商圈和客户人群	为了改善备货和订购，首先要再次确认自家店铺的对象商圈和来店的客户人群。开店之后过了几年可能会发生很多变化，比如竞争店铺的开设、主要客户人群的年龄变化、新居民的迁入、商业设施的开设等。随着这些变化，客人的移动路线也会发生变化。
确认不同货次下的主要客户人群和商品	确认不同货次的客户人群和商品。即使对于同一个店铺，一天中客户人群和利用场景也会变化。就算是处在商业区，也会产生白天需要午餐、晚上需要加班餐的变化。另外，伴随着这些变化，销售的商品会变化。根据销售数据等再次确认客户人群和销售的商品。
配合客户人群变更不同货次下的备货	基于一天的客户人群和商品变化，根据不同货次搭配最适宜的备货方式。再次验证这个结果，追求备货和订购的最优化。另外，使用能表示每个客户人群最适宜商品的商品矩阵，确认没有遗落必要的商品。
重组订购的步骤	对于之前收集的信息和订购步骤这些旧的方法，要进行改变。对于事前的信息应该确认、收集，比如最新的天气和气温预报、占据主要客户人群的事务所的状况等详细内容。对于订购步骤，对不同货次进行设想、订购、验证。为了防止发生机会损失，要试图改善交货工作的步骤和卖场布置。

通过各时段的客户人群
调查进行改善

3个要点

①确认时段内的客户人群和销售的商品。

②配合不同货次下的客户人群增加商品订购量。

③反复设想和验证提高订购精度。

时段不同，客户人群不断变化

接下来，我们来看看实际改善订购的方法。以便当的改善订购为例。

A店位于周围住宅很少的街道上。虽然附近有工业区，但是不怎么看到过从工业区来的顾客。

因此A店想提高便当的销售量，首先我们从"商圈情况"入手。

分析① 来店的通道

A店位于交叉口的拐角处，店铺前的大街车流量很少，所以对于双向来车都很便捷。

分析② 事务所和居住状态

A 店所在地现在有大公司的公司办公区域以及其他事务所，现在双方都计划缩小规模。

店周围有很多住宅，顾客们都主要开车来便利店。

分析③ 竞争店铺的状态

市内有大型购物中心（SC）。以特卖日为中心，光临购物中心的主妇有增加的倾向。

此外，街道上包括便利店等多家竞争店铺鳞次栉比，可以看出对 A 店销售有影响。

这样来对商圈进行分析。怎样才能让大家光顾 A 店呢？需要尽可能地细致观察。

接下来就是观察"便当的销售状况"。这里忽略了一点就是时段不同，客户人群和销售有怎样的变化呢？

如**图表 18** 所示，调查了每个时段来店的客户人群，整理出销量比较靠前的商品。

果然从女性顾客到男性顾客，不论是客户人群还是商品都有不同。

图表18　不同货次下的米饭商品和客户人群分析

夜间的货次	早上的货次	白天的货次
客户人群的动向	**客户人群的动向**	**客户人群的动向**
男性客人占80% （一天平均占75%） 单身的人 （单身和看起来年轻的人） 固定客人 （占全体的80%） 工作人员 下班回家的工作人员	**深夜时间段的动向** （22时—2时） 下班回家的女招待 深夜在外玩的年轻人 **深夜时间段的动向** （5时—8时） 夫妇（给孩子买早餐） 高中生（部门活动的晨间练习） 工作人员（购买午餐）	**男女比例7:3** 工作人员或者经营者等各种客户人群 附近事务所的人使用 OL （医院来的客人） 主妇 （有工作的、农家） 营业车辆中途落脚 固定客人、中途落脚的客人 养老院相关的施工人员
销量靠前的商品	**销量靠前的商品**	**销量靠前的商品**
牛五花肉便当 炭烧鸡肉串盖饭 炸猪排 牛肉盖饭 西式蛋包饭 主厨的咖喱牛肉 豪华幕之内 什锦海苔便当 迷你天妇罗盖饭 三色鸡便当	迷你天妇罗盖饭 什锦海苔便当 牛五花肉便当 西式蛋包饭 炭烧鸡肉串组合 里脊姜汁烧肉&炸鸡排便当 豪华幕之内 牛肉盖饭 海苔便当 三色鸡便当	什锦海苔便当 迷你天妇罗盖饭 牛五花肉便当 豪华幕之内 炸猪排 里脊姜汁烧肉&炸鸡排便当 牛肉盖饭 三色鸡便当 西式蛋包饭

不同情况下客人对便当的需求也不同

改善设想和结果的偏差

重要的并不是完美地设想，而是利用什么样的信息建立的设想。

从最初开始就追求高精度的设想是不现实的。不如在反复设想和验证的过程中提高设想的精度。

每次进行验证的时候都需要一定的信息和数据作为辅助，并同时提高下一次订购的设想的精度，这就是改善订购的目标。

作为第一次建立设想的入口，A 店应该研究前文提到的调查，了解不同时间段客户人群和销售情况。

一天当中时间段不同，来店的客户人群和卖出的商品也有很大的变化。以这个结果为基础，修改便当的订购，再来看看这个结果。

修改订购步骤的重点在于把原来以天为单位捕捉到的客户人群和销售，改为以时间段为单位，要比各个时段所需的商品稍多一点进行订购。修正时段内顾客们的需求和商品的偏差(**参见图表 19**)。

以这样的思考方式实际进行的订购情况如**图表 20** 所示。

在这天的案例当中，重点在于考虑建筑现场的休息日、天气和气温的变化后进行订购。

虽说今天卖出去了，但并不能说明天也同样会卖出。销售数量因事务所的状况和天气、气温的变化而变化。注意每天都要从零开始建立订购的设想。

图表19　改善订购的步骤

	改善前	改善后
订购前确认的数据	缺货情况：一周一次 每天的销售量：每天	⇒ 不同货次的销售数量：每天
事先收集的信息	不同星期的特殊订单：每天 附近的活动：每天	⇒ 不同时段的信息 道路施工什么时候结束 天气何时会变好
订购的步骤	①确认之前的信息 ②确认销售数据 ③按照3次货→1次货→2次货的顺序订购 ④从订购数量多的商品开始处理	⇒ ①确认之前的信息 ②确认销售数据 ③确认不同时段的信息 ④确认不同货次下的设想 ⑤不同货次下个别商品的订购（基于设想从销售的商品开始订购） ⑥一天4次变更卖场

再次调查和设想不同的地方

对于当日的订购有哪些地方和设想的一样，哪些地方和设想的不一样。

图表20　不同货次下的设想和验证

■事先的信息等

日期●5月11日（星期二）　　5/10的3次货~5/11的2次货

天气●多云　天气没有很差

气温●最高20℃ 最低14℃　　体感温度稍微有点冷

地区●附近的事务所、道路施工没有休息

	夜间的货次 （17~24时）	早上的货次 （0~10时）	白天的货次 （10~17时）
不同货次的信息和设想	气温逐渐降低，光顾隔壁弹球房的男性熟客没有来店，固定顾客中的一部分周一没有来店里，虽然附近在进行道路施工，但是员工宿舍可能处于休息状态	饭店没有休息（女招待来店），外出闲逛游玩的年轻人较多，顾客数量和顾客人群没有很大变化，早上豪华幕之内便当的需求很高	OL像平时一样光顾便利店，从顾客们的对话判断出客人对迷你天妇罗盖饭的评价很高，对新商品（特选炸虾天妇罗盖饭）的购买增加，顾客对迷你系列的商品需求没有变化
订购	什锦海苔便当：交货3、销售6 牛五花肉便当：交货3、销售6 迷你天妇罗盖饭：交货0、销售1 豪华幕之内：交货0、销售0	什锦海苔便当：交货4、销售4 迷你天妇罗盖饭：交货4、销售3 豪华幕之内：交货3、销售2 牛五花肉便当：交货4、销售2	豪华幕之内：交货5、销售5 牛五花肉便当：交货6、销售4 什锦海苔便当：交货7、销售3 迷你天妇罗盖饭：交货7、销售1
验证和信息的修正	体感温度骤降，肉食系的便当销售量超出预期 休息日固定来店的施工相关人员，便当销售量增多→有必要再次确认工作人员宿舍的信息	深夜的情况和事前的信息一样，早上由于顾客有早饭需求，什锦海苔便当销售较好，牛五花便当在深夜的时候有所销售，早上没有销售→满足早餐需求的便当有必要和其他顾客会在早上购买的商品分开摆放	OL的来店比预想要少，由于男性顾客购买"特选炸虾天妇罗盖饭"，所以迷你天妇罗盖饭的销售量增加 →要弄清楚为什么事务所没有休息但是OL的来店变少了

深夜食用的便当由于顾客的体感温度比预想的低，所以肉食类便当卖得好。虽然以为施工现场休息，但实际上有施工相关人员来到店里。

因此要再一次分析来店的顾客，确认施工现场的休息日。

早上早餐类的海苔便当有销售动向。白天的时候为什么 OL 来得少了呢？为什么迷你天妇罗盖饭的销售不好呢？

在这样的结果之下，要重新调查为什么明明事务所是工作日，来店的 OL 却变少了。

这样以销售结果为基础，重新收集信息并进行调查。再次更新设想并应用于下次的订购。

正是失败带来了订购精度的改善。明确失败的理由并在下次订购中进行改正是最重要的。即使每天在相同时间来店里的顾客，不同日子想要购买的商品也会变化。

此外，在实际订购中应该以什么商品为重点，其他商品要如何订购呢？有必要一边确保全体的平衡一边进行订购。这样反复设想和验证之后，去年销售量不如预期的 A 店，便当的销量提高了（**参见图表 21**）。

图表21　便当的订购数量和销售数量的变化

月	3月			4月				5月
日	15~21	22~28	29~4	5~11	12~18	19~25	26~2	3~9
订购数量	170	199	192	183	168	156	178	183
销售数量	165	191	182	174	157	138	174	165
同比销量（%）	91	94.3	88.3	91.7	102.5	90	111.5	119.1
项目数	17	17	17	17	17	17	17	18

案例 2　以分担订货的方式提高精度

3 个要点

①店主一个人不能包揽所有订购。

②将没有先入为主观的新人分配到不景气的部门。

③在陈列的位置上反映出订购的意图。

以分担订货的方式提高订购能力

B 店的改善订购案例是员工们一起投入到改善订购中。

即使觉得订购这件事很重要，但这并不应该是店主一个人能全部做的事情。即使能做到，设想也会变得敷衍了事，很难取得预期的成果。

或者妥协于"像昨天那样算了"，这样会招致大量的机会损失和产品废弃损失。

B 店的"商圈情况"如下。

分析①　布局地的特性

B 店位于商业街的中心。5 年前由销售酒水的店铺变为便利店。

分析②　商圈内住宅的特征

附近除了老年人较多的市营住宅以外，也有很多在附近工厂工作的人所住的独幢住宅。此外，大学生所住的单间公寓也散布在周围。

分析③　竞争店铺的状态

商业街有超市，距离一千多米的地方有综合超市。大学的正门前也有便利店。

另外，根据地区的行政数据确认了周边的客户人群。

分析④　商圈内居民的年龄构成

B 店周边处于老年人数量明显高于其他地区的状况中。大学的附近住着很多大学生。

虽然根据行政数据来看周围住的多是老年人和大学生，但实际来店的顾客以三四十岁的人为中心。

我们来看看光临 B 店的不同时间段、不同性别的顾客。

通过观察我们了解到以下事情。

早上：工程相关人员，或者到最近的车站乘车上班、落脚的工薪阶层、在附近工厂上夜班回家的人。

白天：住在附近去超市购物途中顺便光顾的主妇。

晚上：大学生、下班回家的工薪阶层、OL。

深夜：一群年轻人、大学生、在车站前的饭店工作的人。

图表22　便当的订购数量和销售数量的变化

	B店来店客人年龄构成	居民的年龄构成				
		C町1丁目	C町2丁目	C町3丁目	D町	E区全部
50岁以上	14	4 7.7	43.5	41.9	28.7	37.2
30~49岁	53	23.1	25.2	26.2	29.7	28.2
15~29岁	29	17.9	20.4	20.5	23	22.2
未满15岁	4	11.4	10.9	11.4	18.6	12.5

进行分担订购，整顿环境

　　B店考虑任用刚开始工作两个月的新人，一个25岁的自由职业者职员担任订购工作。担当的是三明治和面包卷等"烹调面包"类商品的订购工作。

B 店店主如下思考后决定了负责人和负责的种类。

理由①　挑选销售量低的一类

考虑到以三明治为中心的烹调面包销量不好，通过掌握的方法无论如何也能改善吧。

图表23　分担职员的订购

主题	烹调面包的订购改善	• 负责人虽然在其他店铺有过订购经验，但是个进公司两个月的新人，25岁的自由职业者。 • 以三明治为中心的烹调面包销量不好（投入之前的实绩与去年同期比为93%）。便当单品管理的改善方法可能也适用。 • 刚刚了解如何订购的人进行订购时没有先入为主观。 • 在进行新人教育的同时可以使其理解销售的思考方式。
问题	商品项目的固定化	投入工作前，一天9个商品项目是固定的。没有引进美式俱乐部三明治、特色里脊火腿三明治、金枪鱼沙拉三明治。
	追加的订购	由于确认上周、昨天的状况后才能进行订购，重复"废弃→减少订购量""缺货→增加订购量"的工作。设想不要一成不变，要根据每一天的信息改变。
	不同商品的订购	按照夜间的货次→早上的货次→白天的货次进行订购。

认识到以顾客为主进行订购的重要性

理由②　挑选没有先入为主观的店员

因为刚刚了解如何订购的人没有先入为主观，不是能更好地投入订购工作吗？

理由③　考虑可以让其了解销售

兼并对新人的教育，通过订购工作难道不是能让其更加了解便利店的销售吗？

图表24　订购方法的改善

夜间的货次	早上的货次	白天的货次
客户人群的动向	客户人群的动向	客户人群的动向
·男性顾客占75% 单身的人 （工厂的员工、学生） 下班回家的工薪阶层 下班回家的OL、主妇 **·办公室工作人员多**	**·深夜时段的动向** （22—2时） 饭店的工作人员 深夜在外玩的年轻人 **·早晨时段的动向** （5—9时） 工作人员 道路施工下班回家 （6时）	**·男女比例5：5** 附近的主妇顾客有午餐需求 工薪阶层、商业街的员工 老年人 **·固定顾客很多**
销量靠前的商品	**销量靠前的商品**	**销量靠前的商品**
·火腿蔬菜三明治 ·什锦三明治 ·炸鸡三明治 ·缤纷多肉三明治 ·配料十足三明治 （金枪鱼、鸡蛋）	·火腿蔬菜三明治 ·什锦三明治 ·配料十足三明治 （金枪鱼、鸡蛋） ·炸鸡三明治 ·缤纷多肉三明治	·火腿蔬菜三明治 ·缤纷多肉三明治 ·什锦三明治 ·炸鸡三明治 ·配料十足三明治 （金枪鱼、鸡蛋）

和负责人沟通商品是否符合不同货次下客户人群的需求，引入以前没有的新商品

无新商品	美式俱乐部三明治 （应对早上温度较低时的需求）	特色里脊火腿三明治 （预计女性顾客会购买）

在让职员负责订购的时候，至少店主或者店长有必要让其好好了解订购的步骤。

最重要的是让设想和验证同时进行，让订购负责人掌握这种思考方式。特别需要反复说明导出这种设想的思考过程。

对产品废弃损失进行预算化并进行分担

对于将烹调面包的订购交给新人一事，还有很多不放心的地方。

其一，由于各商品类别中的商品项目数有限，并且与米饭等相比销售数量较少，不同货次下的订购呈现固定倾向。

其二，如果让职员负责订购的话，职员可能无论如何都要把握住订购的数量。即使建立设想时知道应该加大订购量，由于怕造成废弃损失所以极力限制订购量。

这样的话不能提高订购的精度，也就无法期待销量有所改善。

为了避免这样的问题，B 店事先决定了产品废弃损失的预算，并将这种方法传达给了职员。

即使是根据设想坚定地进行了订购，也未必能达到预期的成果。更不用说初出茅庐的负责人了。

正因为如此，如果店主事无巨细地干涉就会挫伤职员的干劲。

产品废弃损失的预算化可以说是规避风险、防止订购萎缩最有效的方法。

如果把产品废弃损失的预算委托给职员会使其有心理负担，可能对店主产生抵抗，因此采用这种预算化的方法，把订购委托给职员。

其三，养成建立设想并进行验证的习惯。

要想正确地进行验证，比起明确原因更需要建立设想。"为什么要这样备货呢？""为什么要订购这么多呢？"这一类问题一定要记在本子上。

在进行验证的时候，反复看这些笔记、自问设想是否有误，反省后将其活用于下一次订购中。

尽可能确保在订购上花费的时间。便利店的工作十分繁忙。除了订购、陈列、摆放等，还要处理好接待顾客、环境的舒适整洁、采购 FF 等各种各样的工作。

但是，只忙于这些事情是不能改善订购的。B 店一边对全店工作进行灵活的处理，一边尽可能地确保订购的时间来建立正确的设想、整顿环境。

试着将不同货次下的设想反映在卖场

B 店为了提高每日商品整体的销售量，也致力于卖场布置的强化。

订购管理的要点之一就是制作卖场。为了强化订购，在基于设想进行订购的同时，要致力于把设想的订购在卖场中反映出来。

订购负责人和卖场负责人的理解有偏差的话，就不能基于设想对卖场进行宣传，结果会造成没有必要的产品废弃损失。

B 店制作了"卖场陈列指示书"来正确向卖场负责人传达订购负责人的意图。

另外，我们来考虑一下因不同货次，每日商品陈列位置的变更。如图表 25 所示，由于不同时段的客户人群和商品都不同，在卖场摆放的时候要注意确保不同时段的优势商品处于高视觉认知度。

订购负责人以新商品的信息和天气的信息为基础建立设想，采用根据品类优先决定不同货次下陈列位置的方法。最终由店长负责整理归纳各品类之间的调整等事情。

根据销售当天的天气预报临时进行更改，或者与设想大相径庭的时候，店长应该随时对陈列位置进行修改，追求销量的最大化。

对于验证，B 店以分担订货为前提，负责人本身对销售结果进行验证，并将验证的内容分享给其他职员，使店铺整体的运作能力自下而上地进行，提高大家的士气。

图表25　设想和进行卖场变更

改善前的卖场

		加工肉食	乳制品
2个装饭团	三明治	凉面	小吃
手卷饭团			
直卷饭团		杯面	
寿司、饭	面包卷		
便当	沙拉	火锅面	小菜
	意大利面	意大利面	鱼贝鸡米饭、奶酪烤菜

设　想

- 不以时段为单位的设想，一天都是以同样的卖场进行销售。
- 由于有酒类商品，晚上应扩大下酒菜的卖场，摆放在米饭类商品旁边。
- 沙拉、三明治要摆放在顾客移动路线的正面，促进主妇、女性顾客的购买。

改善后的卖场→以晚上的情况为中心改变卖场

		加工肉食	乳制品
2个装饭团	小吃 小菜	三明治 面包卷	烹制面食
手卷饭团			
直卷饭团			
寿司、饭			
便当	火锅面	沙拉	轻食

B 店在不同货次下进行卖场布置，普通家常小菜摆放在米饭类商品的旁边，虽然这两类商品有关联但并没有看到预期的销售效果。

强化与烹调面包的关联之后又扩大了沙拉的卖场，采取这种方法的第 2 周销量就得到了改善。

案例 3　活用不同货次下的畅销商品

通过了解实际情况增加订购量

　　C 店由于每天便当的销量少，害怕造成产品废弃损失，不能做到充分增加订购量。但是，如果明确不同货次下的畅销商品和缺货情况，也可以做到张弛有度的订购。

　　C 店位于车通行量较大的当地国道沿线，周围有事务所和车辆经销店。早上，附近事务所的人和工程相关人员较多。中午也有很多事务所相关的或驾车来店里的人。但是很难提高每日商品的销售量，店长和订购负责人都对是否增加便当的订购量举棋不定。

　　C 店改善订购的契机在于不同货次下销售、缺货、废弃数量的管理。

　　如**图表 26** 所示，汇总各个时期的数字，将销售量大和缺货较多的商品设想为需求较高的商品，进行增量订购。

图表26　不同货次下的畅销便当

货次	排位	销售	缺货	废弃
早上的货次	第一	牛肉饼便当	牛五花肉便当	饭团套餐
	第二	牛五花肉便当	海苔便当	姜汁烧肉便当
	第三	炒饭	炒饭	海苔便当
中午的货次	第一	猪肉盖饭	海苔便当	炒饭
	第二	中华盖饭	姜汁烧肉便当	猪肉盖饭
	第三	牛五花肉便当	炒饭	中华盖饭
晚上的货次	第一	牛肉饼便当	拌饭	拌饭
	第二	牛五花肉便当	牛肉饼便当	海苔便当
	第三	幕之内	牛五花肉便当	中华盖饭

对于废弃较多和缺货率很高的商品，确认每天、不同货次下的数量，仔细研讨对策。另外，调查不同货次、不同时段下的客户人群，观察与商品的相关联系。

采取这样的行动弄清不同货次下商品动向的变化，之后要确认同样的星期、不同货次下的销售状况，致力于提高设想的精度。

对于产生机会损失的商品进行增量订购，便当类的销售数量变得比前年多。这样，对于其他品类的商品，采用这种方式也可以成功改善订购的精度。

案例 4　根据设想情况调整订购

机会损失、产品废弃损失少的模范店铺

　　D店位于生活区道路沿线。早上上班途中驻足光临的顾客较多。白天主要以事务所的人和附近的主妇为主。晚上以回家路上的公司职员、学生为主。

　　D店实行职员分担订货，具有全面确认每个单品的销售和缺货情况，以及对卖场布置很有热情等特征。特别是便当机会损失和产品废弃损失的情况少，可以说是订购方面的模范店铺。

　　图表 27 表示 D 店主要便当商品的交货数量以及销售数量的变化。D 店订购的特征在于正确地进行设想和验证。

　　图表 27 中的炸猪排盖饭并不是每天都订购同样的数量，而是基于天气、气温等信息修改每天的订购量。此外，猪五花肉便当等交货数量和销售数量不存在过少的时候，第二天进行增量订购。

　　另外须活用矩阵，确保为不同的来店客户人群准备必需商品。

　　炸猪排盖饭、幕之内便当、猪五花肉便当等，对于每天销售 10 个以上的商品扩大摆放量、维持高的销售水平。另一方面，虽然销售数量少，但也要确保老人和女性喜欢的蘑菇饭的备货。

　　由于一些商品季节性很强，商品的盛衰周期接近结束时，到了要斟酌停止订购的时期，需要改为订购日式萝卜泥牛肉饼等，观察时机进行修改或停止。

图表27　便当交货数和销售数的变化

商品	实绩	9月19日 周日	9月20日 周一	9月21日 周二	9月22日 周三	9月23日 周四	9月24日 周五	9月25日 周六	9月26日 周日
炸猪排盖饭	交货数			12	14	18	16	15	13
	销售数			12	16	14	14	14	16
幕之内	交货数	13	10	9	12	12	11	12	10
	销售数	11	10	8	12	11	8	12	12
猪五花肉便当	交货数	3	6	4	5	8	5	7	10
	销售数	3	4	4	5	5	5	5	10
西式幕之内	交货数	9	8	7	5	8	5	9	7
	销售数	11	8	5	6	8	3	9	8
海苔便当	交货数	8	7	7	5	8	7	9	10
	销售数	7	7	5	6	8	7	10	7
日式萝卜泥牛肉饼便当	交货数	5	5						4
	销售数	4	6						4
蘑菇饭	交货数	6	3	0	2	2	2	2	0
	销售数	2	3	0	2	1	3	0	0

第 **4** 章

提高"订购能力"

10 个诀窍　压中要点才能提高订购能力

（3 个要点）

①不要仅以过去的数据判断明天的事情。

②不要设置分类的订购总数的上限。

③卖场不是仅供一个人使用的。

　　实际进行订购的时候因为担心造成废弃而蒙蔽了双眼，消极地进行订购经常会招致机会损失。这样销售量就不能提高，很难从严峻的竞争中脱身。那么，进行订购的时候有哪些 "不得不做的事情" 呢？

1. 不要仅以过去的数据判断明天的事情

　　POS 数据对于便利店来说很重要。但是过于相信这些数据，单纯以 POS 数据来判断第二天以后的订购是十分危险的。比如，我们考虑之后订购了 10 个商品，但只卖出去 5 个，有 5 个商品废弃了的情况。这样的情况下，如果只看 POS 数据进行订购，恐怕再也不会订购 5 个以上了。因为考虑到只订购 5 个就能卖出 5 个，就不会造成商品废弃了。

但是，这样的想法是危险的。因为恰好全部卖出是不可能的。

首先，需要考虑为什么只卖出去 5 个呢？本来这种商品是需要 10 个的呀。由各种各样的信息判断出需要 10 个商品，因此需要验证是不是信息有误。如果是设想的顾客数量和客户人群有误，那么有必要提高信息本身的精确度。

其次，应该确认卖场的状态。如果想一种商品能够卖出去 10 个，是要花费相当大功夫的。商品是否摆放在显眼的位置了？是否确保了排面有充分的摆放数量？销售之后是否调整了卖场？张贴 POP 广告了吗？如果没有充分做到每一项，是不能把 10 个商品都售完的。

要事先考虑最后 1 个商品怎么也卖不出去的情况。如果只能卖出去 5 个，预想第二天订购 5 个就足够了就太乐观了。恐怕第二天只能卖出去 3 个左右。

如果订购 5 个只卖出 3 个，下次恐怕就会只订购 3 个吧。这样做又会怎样呢？即使是有潜力的商品，商品的这种潜力也被店铺本身消磨了。

单纯看 POS 数据进行订购就不能充分向顾客展示商品的潜力。

图表28 为了改善订购的"10 个诀窍"

1 . 不要仅以过去的数据判断明天的事情	单纯以POS数据进行判断而陷入紧缩均衡的情况很多。订购10个只卖出去5个，应该弄清楚理由从而决定下次的订购数量。
2 . 不要设置分类的订购总数的上限	依据过去的销售实绩限制订购总数的上限，就很难期待销售量的扩大。如果从单品管理可以预期到销售量增加，不断积累订购数量进行基本的订购。
3 . 减少订购量的时候，注意避开畅销商品	无论如何都要控制销售总量的情况下，应该修改销售量低的商品的订购。由于是订购数量较多的商品就减少库存，这样做恐怕会导致销量靠前的商品招致机会损失，销量靠后的商品招致商品废弃损失。
4 . 每回都要保持同样的订购量吗?	出于人手不足等理由，很多店铺平时一直保持相同的订购数量。但是，这样做很难增加销售量。应该考虑天气、气温条件从零开始进行订购。
5 . 卖场不是仅供一个人使用的	不应该以"珍视顾客"等理由使卖场固定化。要考虑新商品和现有商品的平衡，要以陈列新商品来创造新鲜度高的卖场为目标。
6 . 订购绝不是一个人能完成的	让店主或者店长一个人进行订购，无论如何都难以办到。硬要坚持这么做，订购的精度一定会下降，应该构建分担订货的结构
7 . 店长不做实际的订购工作	和上述提到的一样，作为店铺管理者的店长不应该直接进行订购。应负责制作分担订货的组织结构，致力于作为订购前提的信息的共享和交流沟通。
8 . 店长不能变更负责人录入的数据	即使负责人进行的订购与自己的想法不同，如果店长变更了数据就会使分担订货变得毫无意义。如果想法不同，先确认产生差异的理由和背后的信息情况。
9 . 验证不能只让订购负责人一个人去做	验证工作不应该只委托给一个人。因为验证工作是订购教育的基础，无关结果好坏，店长和负责人都应该仔细验证结果。
10. 不能忽略难以卖出的商品	很难判断什么是难以卖出的商品，但是如果放任没有销售动向的商品，就不能推进新商品的引入，恐怕会使卖场陈腐化。应该有意识地排除难以卖出的商品。

2. 不要设置分类的订购总数的上限

没有任何根据就不能决定销售总数上限吧？

仔细探讨商品潜力、不断积累每个单品的订购数量的话，就会造成订购总量的膨胀。为了防止这种事情发生，设定订购总数的上限，就容易只在这个范围内进行订购。"因为我们的实力就限于此……"所以应该控制订购数量。

但是，这样对于顾客来说就像宣告"我们的商品仅限于此"一样。即使明天是发工资的日子且天气很好，根据目前为止的销售量已经预测到了订购总数的上限，所以不能下决心订购。这样做真是毫无理由。

如果认真收集了信息，预计单品能卖出这么多，那么在明确每个单品订购理由的基础上就应该下决心订购。即使根据累积订购的结果，订购总数超过至今为止的实绩，也应该相信这个数字并以此来决定订购数量。

在包括其他业务形态的竞争环境下，最应该注意的就是因机会损失失信于顾客。为了使店铺生意日渐兴隆，必定有不得不克服的壁垒（订购总数）。

这就好比好不容易成长起来的萌芽，店铺本身却不知道能不能有所收获一样。

　　店铺应该相信收集到的信息和订购数量，考虑是否能突破订购总数的壁垒。

3. 减少订购量的时候，注意避开畅销商品

　　当订购数量不断累积时，会不得不面对减少整体订购量的问题。这种时候应该优先减少哪种商品的订购量呢？

　　经常会减少畅销商品（订购量多的商品）的订购量。畅销商品的销售量下降可能会下决心减少订购量，那么究竟应该如何订购呢？

　　比如，订购了 10 个畅销的幕之内便当和 3 个卖得不怎么好的牛肉盖饭。为了减少订购总数需要减少 5 个左右的订购量时，应该怎么做呢？

　　比较常见的情况就是看到幕之内便当过多，所以会少订 3 个幕之内便当、2 个牛肉盖饭（不能再削减订购量了）。

　　这样的话，幕之内便当会售光而牛肉盖饭剩下一个的情况会较多。幕之内便当就会产生机会损失，牛肉盖饭就会造成产品废弃损失，销售量和利益都无法得到保证。可以说是这很容易形成的坏习惯。

　　所以，减少订购数量的重点是先减少卖不出去的商品。如果一味地减少在售卖的商品的订购量就会消减其销售力。

此外，需要考虑为什么销售量低的商品卖不出去。

理由应该是顾客需求较少。就算是定型商品，要是限定客户人群的商品（比如牛肉盖饭，设定为男性顾客需求较高的商品，女性的需求较低）的话，目标客户人数就较少，所以自身和其销售量都是有限的。

反而像客户人群较广的商品，由于本身的目标人数多，所以应该尽量避免减少订购量。虽然会因为库存多而减少订购，但有必要考虑目标人群数量后进行减量订购。

4. 每回都要保持同样的订购量吗？

虽然店铺都是收集信息进行订购的，但每天忙于各种工作就会觉得很麻烦。另外，大多情况下店铺因为人手不足，所以不能在订购上花费充足的时间，最后每次都订购同样的数量（特别是平时都订购同样数量来应对顾客需求的情况下）。

但是，店铺的情况和顾客们的生活都是在每天变化的。工作日、休息日、发工资、发年金的日子前后，顾客们腰包的情况也都不同。

天气、气温也是因时而变的。即使在一直持续高温的夏天，顾客们的喜好和生活也会变化。

为了确切地捕捉这些变化，改变备货情况和订购数量，引起顾客注意，顾客可能会购买新商品。

有"销售量一成不变""顾客都是固定的那几位"等各种各样的原因。但是，每天重复相同的事情店铺就不会成长。因此，每天要从零开始考虑如何订购，这样才能使卖场产生活力和变化，赢得顾客更多的支持。

5. 卖场不是仅供一个人使用的

"珍视顾客们""满足顾客们的需求"这些是店铺的使命。应对顾客的需求很重要，但如果因此使卖场僵化那就本末倒置了。

因为是每天光顾的顾客们所期待的商品，所以绝对不能断货，一直保持在同样的地方放同样商品，可能是零售业的理想状态。

但是，便利店的卖场面积和陈列空间的容量是有限的。

此外，制造商开发商品活跃，PB 商品的引入也变得活跃。总店推荐的新商品数量也日益剧增。连锁店和店铺之间的竞争愈演愈烈，引入新商品的好坏可能对店铺产生致命影响。

虽然每位顾客都值得珍视，但是纵观全局需要确保预计会带来一定销售量的新商品和顾客间的平衡。

对便利店来说让顾客抱有"什么时候会有新商品呢"的期

待感才是店铺最大的竞争力。如果一直保持着晚一步引进新商品的状态，可能会让顾客觉得这个店铺毫无吸引力。

虽然每位顾客都很重要，但还有需要考虑的更重要的东西吗？深思熟虑后再采取行动吧。

6. 订购绝不是一个人能完成的

因为人手不足和职员的更替，所以有必要限制负责订购工作的人数。但是，少量的人负责大概 3000 个项目的商品订购绝非易事。确实，想做的话，人员少也可以勉强进行订购，但订购精度会下降。

就像之前提到的那样，商品的销售动向会因为各种各样的理由而变化。对于卖场和后备存储室空间有限的便利店来说，如果对商品的周转稍有懈怠，就会使商品陈腐，损失店铺的魅力。

另外，不仔细观察商品的动向，只考虑到补充商品进行订购的话，就不能应对天气、气温、地区活动等变化，这样会导致机会损失并失去顾客们的信任。这是店铺最应该避免的。

从订购到交货、卖场布置这一系列工作，都与使订购的新商品活性化、提高顾客购买力息息相关。

换言之，订购不仅仅是一个输入的工作，它影响着卖场的打造和怎样向顾客进行宣传，而且销售实绩联结着下次商品订购。订购就是这样把一切归于一体的工作。

订购不应该是由一个人承担的事情，应该构建店铺以整体分担订货为前提的组织结构。在彻底贯彻职员订购教育时，像在难以判断的情况下应该如何进行订购等问题是十分重要的。

7. 店长不做实际的订购工作

店长（或者店主）自身加入轮班的情况下，可能因过于在意废弃损失等成本而亲自订购，但是一般来说店长应该和订购的工作保持距离。这样说，很多人可能会问："这怎么可能？"首先，店长的工作不需要亲自订购而是创造出店铺运营的态势。

店长的工作是掌控整个店铺。

比如，各位订购负责人只确认零散的信息就进行订购的话，卖场会变成什么样呢？恐怕会产生很大的机会损失和产品废弃损失吧，好不容易形成的分担订货反而会成为店铺的阻碍。

但是，如果像之前那样下定决心把订购委托给职员，由于一个人负责的商品数量极少，所以可以在订购一个商品上花费更多时间，更能准确地将销售动向反映在订购上。这样做可以更敏捷地应对顾客需求的变化。

为此需要确认信息的精准度，与职员沟通交流和统一意见，彻底贯彻落实销售战略、方针。这些事情才是店长应该做的工作。

8. 店长不能变更负责人输入的数据

你默默地修改过职员定下来的订购数量吗？如果你这样做，那么你所负责的分担订货就变成了无用之物。

当然店长和职员会有意见相左的时候。问题在于店长把想法强加于人。这样就会使职员思考的意愿和工作的意愿明显下降。

如果和职员的想法不同，先要沟通为什么会有这种想法，可能是由于双方捕捉商品特性、信息的方式不同。应该优先消除这种分歧。如果考虑订购数量的思考方式不同，应该就为什么导出这样的订购数量进行深度谈话。

并不是说店长的意见和思考方式就绝对正确，而是通过确认职员的思考方式可能会获得新的视点或拓宽视野。反言之，订购负责人应该听取各种各样的意见、培养不同的视点，店铺更欢迎这样的店长。

9. 验证不能只让订购负责人一个人去做

验证的工作不应该只委托给一个人。因为验证工作是订购教育的基础。

就像之前提到的那样，进行分担订货，负责人可能和店长的意见相左。为了消除这种分歧，验证的工作很重要。

从不同角度考量每个单品，考量结果的就是销售实绩。哪里有问题呢？为什么会这样呢？无关结果的好坏，店长和职员应该冷静客观地进行数值分析。

在一起进行验证的时候，有优点的地方要不吝表扬，这样能提高职员的工作热情。弄清楚失败原因的时候也不要指责职员，重要的是就失败的理由和下次需要注意的地方好好进行谈话。

此外，不要对于 POS 数据的结果一会儿感到喜悦一会儿感到忧虑，必要的时候，要交流对部门和店铺造成的影响。对于不同的思考方式和改善方法，双方都应该注意互相让步。

10. 不能忽略难以卖出的商品

便利店的订购最重要的就是不要忽略难以卖出的商品。商品的销售动向是时刻变化的。昨天为止卖得好的商品突然就卖不出去的情况也不在少数。

敏捷地对事态做出反应，为了防止卖场的陈腐化，首先是找出卖不出去的商品并将其排除在外。

但是，判定难以卖出的商品实际上是很困难的。机械地通过一定的标准来判断难以卖出的商品也是十分困难的。

　　另外，对于销售量逐渐下降的商品或者下周之后就不能订购的（总店取消推荐）商品等，店铺要积极地进行商品的更替，有必要更换为更能确定会卖出的商品。

　　各家连锁店每周新发售的商品至少超过 100 种。如果现在有比难以卖出的商品容易卖出的商品，应该仔细研讨并积极地进行更替。

　　但是，由于卖场的面积和空间有限，引入一个又一个新商品是不可能的。如果把难以卖出的商品排除出卖场，就有可能引入新商品。可以说订购的工作不是以引进商品为目的，而是一种更替商品的工作。

分担订货 一个人不能管理所有商品

(**3 个要点**)

①通过分担订货提高职员的工作动力。

②量才任用，进行轮换。

③事先完成后方库存的补充工作。

分担订货提高精准度

便利店的订购最不可缺少的就是分担工作。这在很大程度上是由便利店的业务形态特性决定的。

首先，便利店需要处理的商品超过 3000 种。由于在仅 40 平方米的店铺里有 3000 种商品，卖场的布置要确保新商品有三四个排面的摆放位置。

其次，一个一个商品看过去，既有 10 日元的粗点心也有超过 1000 日元的赠礼类商品。由于天气、气温的变化，不一定今天能卖出去的商品明天也会卖出去。

就这样，小额的商品不断积累，可以创造平均一天 50 万日元的销售额。

便利店与销售高价商品的百货店、致力于大量销售的综合超市、超级市场的商业模式是完全不同的。

为了在这样的条件下创造销售额就必须仔细观察这 3000 多个商品。而且，订购要每 24 小时进行一次。

如果一个人完成，那么不管怎样设想都会有疏漏。在短短的订购时间内如果有疏漏，就会增加多余订购的风险。

为了尽可能确保每种商品的订购时间，有必要进行分担订货。如果不这样，就很难实现满足顾客需求的备货。

分担订货提高工作动力

分担订货也有提高职员动力的效果。

如果只安排职员干收银或者清扫这样重复的工作，就很难提高职员的意识和技巧。

但是通过订购工作可以让职员们有责任感和权限，职员为了提升所负责商品的销售额，可能会有意识地展现出和其他职员合作的姿态。

理由很简单。其中之一就是感觉自己被认可了。

比起被委任负责订购这件事，本人会更多地感到优越感和

图表29　推进分担订货的方法

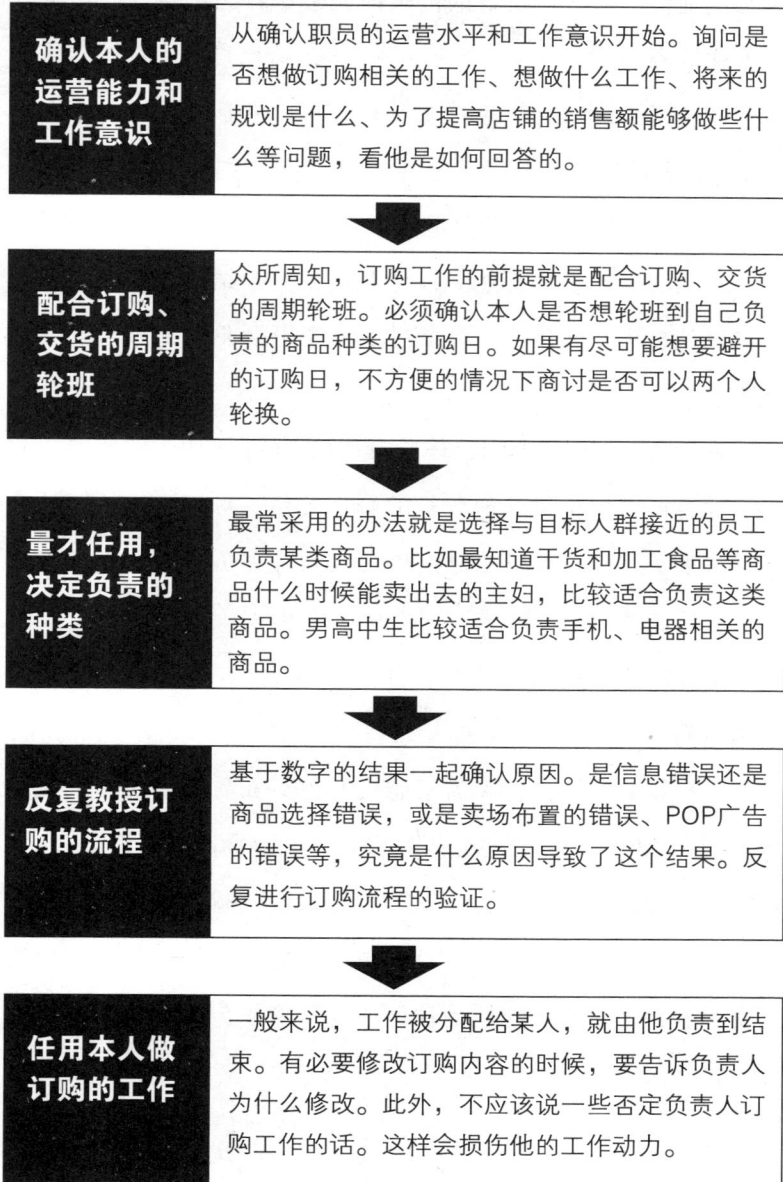

确认本人的运营能力和工作意识	从确认职员的运营水平和工作意识开始。询问是否想做订购相关的工作、想做什么工作、将来的规划是什么、为了提高店铺的销售额能够做些什么等问题,看他是如何回答的。
配合订购、交货的周期轮班	众所周知,订购工作的前提就是配合订购、交货的周期轮班。必须确认本人是否想轮班到自己负责的商品种类的订购日。如果有尽可能想要避开的订购日,不方便的情况下商讨是否可以两个人轮换。
量才任用,决定负责的种类	最常采用的办法就是选择与目标人群接近的员工负责某类商品。比如最知道干货和加工食品等商品什么时候能卖出去的主妇,比较适合负责这类商品。男高中生比较适合负责手机、电器相关的商品。
反复教授订购的流程	基于数字的结果一起确认原因。是信息错误还是商品选择错误,或是卖场布置的错误、POP广告的错误等,究竟是什么原因导致了这个结果。反复进行订购流程的验证。
任用本人做订购的工作	一般来说,工作被分配给某人,就由他负责到结束。有必要修改订购内容的时候,要告诉负责人为什么修改。此外,不应该说一些否定负责人订购工作的话。这样会损伤他的工作动力。

自己的地位，同时在负责的范围内就会尽自己的责任，产生这样变化的姿态。

职员开始认真地思考："如何促使顾客来店呢?""为了卖出商品，卖场应该是怎样的状态呢?"

另一个理由就是能简单地体验管理。

订购的工作是自己建立设想并得到一个结果。这个结果很好的话就会提高干劲，如果结果不如意也会驱使人想着如何去改善。

换言之，可以说是自己体验管理周期轮回的乐趣。

而且可以强化和其他职员的协作关系。每天进行轮班的职员就另说了，应该有很多订购负责人和陈列负责人在卖场组成一对进行轮换的情况。

A 订购的商品第二天由 B 陈列，相反，B 订购的商品第二天由 A 陈列。

这样做的结果，当 A 为了能让 B 好好布置自己负责的商品种类的卖场时，要注意也必须好好布置 B 订购商品的卖场。

通过订购和陈列的工作，职员们形成了相互依存的关系。

比起同样的事情说上一百次，还不如把卖场和订购交付给职员一次，这样能让他们更快养成这种意识，这就是为什么要分担订货。

分担订货要量才任用

实际在分担订货的时候，考虑的是确定负责范围和负责人。一般的想法就是把卖方和主要客户人群等，与所负责范围的共通性统一起来。

加工食品归纳为：①软罐头相关商品和嗜好品；②调味料、干货、罐头、烹调食品；③杯面和味噌汤。

负责人要量才任用。如果任用错误的人选，分担订货的效果会减半。

比如，让没有生活经验和做饭经验的高中男生来负责调味料和干货的话，应该有很多高中男生甚至不能理解商品是干什么用的。

这种情况下，订购负责人很容易只根据 POS 数据决定订购数量。由于销售量少就可能削减小麦粉这类商品。

如果让兼职的主妇负责手机和电器也是同样的情况。倒不如高中男生更适合负责手机相关种类的商品，兼职的主妇负责加工食品。

可以说恰好选中最了解这类商品、最知道哪些顾客会购买这类商品的店员的话，对于店铺综合能力的提升十分重要。

分担工作是店长应该做的事情

分担订货时店长应该做的是预计第二天的销售情况，并把共同的设想信息传达给所有订购负责人。

实际上都是委任给白天轮班的职员，但是在简述设想信息的时候要特别留下卖场的收银负责人，确认明天的天气，以及有活动的情况下应该强化的商品。

特别是生鲜、日配、米饭这种根据活动、天气、气温可以弄清楚销售状况的商品，一般要根据不同情况进行订购。

这时候要向所有职员简单归纳并传达这种作为设想前提的共同信息。这么做也是为了节省各个职员获取某些信息的时间。

此外，传达这种概括性的设想信息，对于卖场的整体平衡有很重要的意义。特别是可能被代替的外卖食品会因为天气、气温等条件变化引起顾客喜好或者销路变化。

在商品范畴内判断如何区分重点的同时，弄清楚订购的总量也很重要，所以在信息传递的时候最好做到这一点。

订购结果也会对验证工作有所帮助。

在订购教育中除了销售有什么变化、为什么这么变化等，重要的是反复确认结果和原因并进行练习。整理出来销量没有上升和上升的原因，和负责人一起讨论必要的对策。

最少一周一次需要对数字和对策进行讨论。

　　这时候切记不要因为结果一会儿感到喜悦一会儿感到忧虑。不是每日必配的商品，应该以周或月为单位观察分类是如何变化的。

　　每日商品也要以 1 周为单位观察产品废弃的增减，产品废弃减少的原因合理吗？弄清是不是紧缩均衡导致的，教授正确订购的思考方式。

　　商品卖不出去受到很多条件的影响。要弄清楚是信息错误还是商品选择错误，或是卖场布置的错误、POP 广告的错误等。

　　如果弄不清楚哪里有问题就不能联系到下一次订购。最重要的是重复这样的流程。

　　此外，重要的是没有负责人的应允，不要修改订购。

　　必须修正的情况下要向负责人传达理由。如果不这样，结局就是认为订购只是店长做的事情。只要没有特殊情况就要坚持放手让职员去做。

订购的提高

　　实际在推进分担化的过程中有 4 个要点。

　　第一是确认职员的工作水平和意识。询问一下本人想做什么工作？将来的规划是什么？为了提高店铺的销售额能够做些什么？弄清楚是否适合作为负责人。

第二是轮班的变更。除每日商品外，酒类商品一周有几次订购日。订购、交货的周期要和轮班相配合。向本人确认是否可以进行轮班的变更。

第三是教育的顺序。

可以从对店铺来说最重要的一类开始，也可以根据职员因材施教。

但同时教几个人的时候，应该从离手快的人开始教。因为如果在1个职员的身上花费过多时间会让分担化难以推进。

第四是职员负责范围的提升。

最初要委托给职员容易卖出、产品废弃较少的一类商品。负责一些稳定卖出的种类，比如杯面、100日元点心、口香糖、糖果、零食点心等。

下一个阶段要委托给职员销售期较短的商品。如果是食品杂货，最好教给职员怎么控制库存。

加工食品、米果、袋装糖果虽然不是销量很好的商品，但由于客户人群广且有固定顾客，所以是比较适合的商品。教授这类商品在有限的卖场中的摆放和控制库存的方法。

比如软罐头咖喱有季节变动的影响，为了不出现难以卖出的情况或者产生产品废弃，要让职员记住控制的方法。

高级阶段就是让职员负责面包、副食、烹制面食、腌渍品等销售期短的商品。因为两三天就会有销售的结果，委托职员根据天气、气温变化订购并掌控卖场。最难的就是需要时间管理的米饭。

此外，如果有必要，应仔细研讨负责范围的轮换。

轮换有利有弊。优点就是不会使工作因循守旧，可以以新的视点进行订购。

缺点就是当被委托了不适合的种类，会突然出现大量难以卖出的商品。当负责的范围不同的时候，依然以以前的经验订购的话可能会失败。如果能弥补这些缺点，轮换也是使订购活性化的一种方法。

此外，有多种商品订购经验的职员越多，教育和订购就越省事。像某一类订购负责人休息的时候，可以在紧急情况下让其负责订购。

事先完成后方库存的补充工作

在进行分担订货的时候，一班 4 个小时的工作时间里，订购负责人用于订购的时间最好在 1 个小时左右。

比如购买食品杂货的顾客数量增加又赶上交货，一般要在 17 时—22 时进行订购。一类商品中项目数较少的面包等商品的订购要限制在 1 小时，订购时间为 1 小时左右比较妥当。

图表30　使负责范围升级的方法

初级	最开始就委托给职员销售量不好的种类的话，因为没有基础所以应该没办法解决问题。因此杯面、100日元点心、口香糖、糖果、零食点心等商品比较好。将容易卖出、产品废弃较少的一类商品委托给职员，让其负责一些稳定卖出的品类较好。
中级	委托给职员一些两三周可以决定胜负的商品。此外，如果有食品杂货，可以让其学习控制库存。不容易卖出的加工食品、米果、袋装糖果等是以客户人群扩大为目的的商品，在有限的卖场里需要加以控制。虽然销售量有限，但多数情况下有固定顾客。让职员学会排除其中难以卖出的商品和调整商品的技术。
高级	高级阶段就是面包、副食、烹制面食、腌渍品、含水分的食品等保鲜期短的商品。因为两三天就会有销售的结果，所以重要的是做到商品的订购和售卖。其中最难的就是销售期短的米饭。能做好米饭商品的订购就可以独当一面了。
轮换	虽然对于负责范围的轮换有争议，但由于人手不足，可能要扩大职员负责的商品范围。以全体人员的订购为目标，有必要事先准备助手。由于没有必要每次都教授订购的感觉，有多种商品订购经验的职员越多，越能缩短教育和订购所花费的时间。可以在紧急时委托其进行订购。

如果考虑在收银台接待顾客或者搬出商品等同时进行其他工作，花费更多时间不现实的话，就无法期待工作整体达到最优。也就是说应该考虑如何在这 1 小时内进行有效的订购。

因此要集中拟定设想，整顿可以进行高质量订购的环境。

我们试着回过头来思考订购的顺序。比如，在订购点心和杯面之前，在卖场摆放后备存储室的库存。

如果只看订购后的销售量，恐怕很难对卖场留有印象，会让人感觉卖场的充足感不足。

杯面的形状和重量各种各样，竖着的、横着的、量小的、量大的等。即使同样是两个排面的摆放位置，量大的商品进深为 3 个的话，库存有 6 个。但是迷你商品可以有 10 个库存。这样订购数会变化，卖场的充足感也在变化。

接下来预测采购时间的订购量。交货日为订购的 3 天后，在预测销售量的基础上，在这期间能否保持最低的陈列数量？也要预想卖场的量感后进行订购。

此外，需要调整商品或者引入新商品的情况，也会影响决定的订购量。如果下周要进新商品，要判断是否应该进行调整，还是作为定型商品留下来。

因此要事先了解新商品的信息。与订购有关的一系列工作中最需要时间的就是补充和搬出商品。直到决定订购量，这个工作才算完成，这与订购工作的整体缩短是息息相关的。

所以应该让前一个轮班的职员搬出商品，以及对卖场进行修改。24 小时的轮班中工作和工作量都不会发生大变化。可以说只是被分到什么时间段的差别而已。

但是，工作量不能平均分担的话，就会造成某个特定职员有过度的负担，这样做的结果是很难使工作完美进行。订购工作也是一样的。

为了追求搬出商品的效率，后备存储室库存的整理整顿也很有必要。例如并不是漫不经心地把藏青棉布扔进商品里，而是为从表面就能看出商品种类和数量进行摆放。如果订购负责人不能保证充分的订购时间，输入数字后就没时间做其他事情了。并不是越花费时间越好，重要的是要保证建立设想的最低时限。

自动订购 重点在于定期检查

3 个要点

①防止缺货和每天集中整顿环境。

②有补充订购和预测订购两种结构。

③重要的是定期修改订购管理等。

自动订购的正确使用方法

在食品杂货等商品范畴内经常使用"自动订购"的方法。

固定自动订购的背景有两个原因。其一是防止订购时有遗漏而导致缺货。

像需要频繁订货的每日商品很少会遗漏订购，但像食品杂货类商品销售动向缓慢，经常会被推迟订购，甚至很多时候忘记订购。

另一个理由就是创造可以专心订购每日商品的环境。

控制适用于自动订购的食品杂货的订购时间，销售量因各

图表31　自动订购应该注意的商品

项目	重点
烟	由于买烟的顾客决定好了自己要买的品牌，所以需要注意成批购买的情况发生。消费税增税时也会产生这种情况，至于平日就是偶数月发年金的日子里会有成批购买。顾客拿出年金花费在便利店上，这种时候可能会批量购买烟。如果其他的商品也会在发年金的日子里有特别的销售动向，要提前修改原本设定的订购数量。
挂面	对于容易成为自动订购对象的加工食品来说，需要注意夏季的面类商品。夏季的面类商品的销路以盂兰盆节为节点，前后的销路完全不同。盂兰盆节之前和式挂面销售动向显著，与炎热程度无关，过了盂兰盆节，和式挂面的销路就变差了。随着气温降低人们更喜欢粗的乌冬面。
与清扫相关的	希望注意年末年初的变化。在大扫除集中的年末，住宅用洗剂和清扫相关的商品开始销售，新年到了，这种商品的销路就停止了。万一因为设定数量有疏漏导致依然有库存，因为在搬家时期赶在一起，3月份销售动向会变好，这个时候要清理库存。
点心	对于点心等调整频繁的商品来说，明确新商品是十分重要的。商品早期销售动向小、呈下降趋势的情况下，要降低设定数值或者削减商品。看到明显上升的时候需要扩大设定数值。

种各样的条件发生变动，优点是可以花费时间在主力种类每日商品的订购上。

这虽然十分便利，但是弄错使用方法会导致库存过多或者缺货。另一方面，如果为了使自动订购发挥作用而频繁改变订购标准，那么就和平时的订购一样了，反而会被订购数量所束缚，导致缺点越来越多。

包括判断适用于自动订购的商品项目，重要的是有效利用自动订购的方法。

自动订购适用的主要商品类别是烟、食品杂货和一部分日配品等。

可以说自动订购不面向那些像每日商品一样受天气和其他条件影响而销量变化的商品，是面向食品杂货等销售比较稳定的商品。

自动订购的两种结构

自动化有两大结构。理解两种结构的不同是擅长活用自动化的前提。

①库存量没有达到库存标准进行自动订购。

②指示出由过去一定时期内的销售数量自动算出的推荐订购量。

就是以上两种。

前者需要决定每个商品项目的订购标准。后者需要对推荐订购数量进行确定或者变更。无论是哪种情况，都要判断订购标准或者推荐订购数量是否合适。

实际运用中需要注意的是前者需要修改订购标准的情况。

由于季节变化和活动等销售突然变化的情况，如果遗漏了对订购标准的修改，虽然预计到销量低下，还一直以这样的标准进行自动订购的话就会导致库存过剩。

相反，虽然预计到销售量会增加，但是不提高订购标准，这样有可能导致机会损失。

下面我们来看看具体的例子。就以夏季挂面的自动订购为例。

夏季直到 8 月中旬为止，和式挂面的销售动向都很活跃，但这之后气温没有变动的情况下，一般销售就开始钝化。

对于这样明显的季节变化，如果不变更订购标准，就会导致和式挂面库存过剩。

年末年初，与清扫相关的日用品也是这样的。

清扫相关的日用品在年末的销售动向活跃，但一到新年销售就突然停止。如果还保持年末的订购标准，就会使库存增加的风险过高。

此外，要注意香烟在偶数月发年金的日子的销售。因为在这种情况下，多有年长者在便利店的 ATM 取出年金后批量购买自己喜欢的香烟。

因为无论在哪里买烟，价格都是相同的，所以说如果这家店没有自己喜欢的牌子，大多数人会选择去其他店购买。

要注意新商品的自动订购

新商品也需要注意。

新商品有的时候在一定时期内不适用于自动订购，看到第一周的销售动向，需要判断是增加订购还是减少订购？如果有必要，要修改订购的标准。

比如，刚引入新商品的时候销售势头很好，但之后销路就开始钝化，如果不对这类商品修改订购标准，继续这么订购，就会导致库存过剩。

弄清楚是作为定型商品保留下来还是削减，这需要反映在订购上。相反，由于推特等影响，销量突增的话，就要配合这种情况增加订购。

便利店中，商品调整周期速度很快，有必要充分探讨哪种商品适用于自动订购。

为了使商品可以应对季节的变动，有必要定期检查订购标准。

平时的订购也和设想、验证的管理周期一样，最少也要一个月进行一次订购标准的确认。

所以作为前提，需要知道每个单品的季节变化。事先记住气温、天气的变化和个别商品项目的销售动向，再修改订购标准。

此外，要注意修改订购标准的时机。

和平时的订购一样，确认订购标准的时候与实际进行订购的时候会有很大的时间差。确认过之后，在商品销售时库存也可能达不到订购标准。

如果就这样不管，结果可能发生遗漏订购的情况，导致机会损失的风险上升。

第 5 章

不同品类的"订购能力"

图表32　不同品类的订购要点（1）

品类	要点	内容
米饭	随时间变化调整，以适应顾客的口味	由于顾客对于米饭的喜好一天24小时内都是变化的，不同情况下的订购十分重要。由于陈列位置不同导致销售数量不同，要提高重点商品的视觉认知度进行卖场布置。提高包括冷冻便当米饭在内的卖场整体的一览性。
烹制面食	盂兰盆节前后顾客喜好有很大变化	气温升高时顾客喜欢细面，气温降低时客人喜欢粗面。5月下旬开始，烹制面食的销售开始活跃，梅雨后放晴的当天迎来高峰。要注意盂兰盆节前后销路的变化。
FF关东煮	在采购计划内及时提供给顾客	店铺的运营左右着关东煮的品质。配合高峰进行采购是最基本的。关东煮食材平衡的把握也很重要。不仅要有畅销商品还要有能维持好平衡的种类。不仅要准备畅销商品，为了维持好的平衡也要准备葱这类食材。
日配	傍晚就该意识到第二天早餐的备货情况	这部分由能直接食用的商品以及烹饪的必需品构成。由于大多商品都是难以取代的，所以维持卖场的时候切记不要缺货，让女性顾客们可以安心购买。傍晚就该意识到第二天早餐的备货情况，然后进行卖场布置。
乳制品及甜品	扩大冷藏饮品的备货量	要扩大备货，以面的形式布置卖场，提高视觉认知度。乳制品和蔬菜汁在早上、傍晚有机会售出。由于盒装牛奶和日配相近，顺便就促进了这类商品的购买。甜点类商品要注意色彩对比度。
面包及烘焙糕点	在单品管理中确定核心产品	预计餐包类商品有早餐需求，所以缺货的话会造成重大损失。对于畅销商品进行增量订购。蔬菜类和点心类的面包，根据条件，销售数量发生变化，要大范围捕捉影响的条件，建立设想。
饮料	根据POS数据再次验证畅销品	这是一类不能缺少"选择和集中"的商品。就顾客们的喜好和转换为消费积分等诱因来看，每个商品的销路不同，所以根据POS数据进行验证很重要。特定保健饮料等健康饮料以大面积的形式摆放提高认知度。
冰点	根据最新的天气预报确认货品	根据天气、气温变化，销路和顾客们的喜好也会有大变化的一类商品。使用平放形状器具的店铺要注意商品的布置、确保库存量。有意识地进行商品布置的分类，以此来创造容易卖出商品的卖场。
点心	根据主要客户人群区别各品类的多少	意识到客户人群，探讨小分类单位的备货。由于粗点心的单价低能促进带孩子的顾客或者大人购买，还可以带着其他点心一起销售。在处理商品时可以作为调整的品类进行活用。

便当　随时间变化调整以适应顾客的口味

　　虽然和以前相比销售水平降低了，但米饭还是便利店的主力商品。

　　作为米饭商品代表的便当，无论是素材还是味道、健康等，各家连锁店都可以说彻底差别化了。便当在便利店商品中虽然单价高，但却是一种即使单价升高销量也不错的商品。

　　但是，商品单价高就意味着产品废弃的风险大，虽然只有两个便当商品滞销，造成的废弃损失也会超过 1000 日元（卖价换算）。也就是说从店铺的角度来看，是高利润、高风险的商品。

　　因此，对于便利店来说怎么把便当卖出去就变得尤为重要。

　　首先，最重要的是一天 24 小时中顾客对米饭喜好的变化。具体分为早饭、午饭、晚饭、夜宵 4 个阶段。

　　各家连锁店的交货时间和运货次数都是不同的，如果是一天运货两次的连锁店就分为早/午饭和晚饭/夜宵。

　　根据不同的时段来决定重点摆放的商品，确保这种商品的库存量，重要的是摆放在视觉认知度高的视线位置和最下面。

比如早餐重点摆放手卷饭团，午饭重点摆放便当和寿司等饭食，晚饭重点摆放量大的便当，夜宵时间，顾客对较轻的小便当的需求提高。

考虑光顾自家店铺的人和客户人群，需要以不同时段需求最多的商品为主力布置卖场。

并不是单纯寻求交货数量的多少，而是创造匹配每天和每个时间段需求的卖场。

最基本的便当商品就是幕之内便当了。

便当也会根据不同季节添加不同主菜、副菜进行销售。

幕之内便当是从早到晚，销量逐渐变高的商品。虽然早上吃的顾客比较少，但由于幕之内便当是一种小菜丰富且不用加热就可以轻松吃的商品，所以中午和晚上购买的顾客会增加。

牛肉盖饭等盖饭类商品又怎么样呢？虽然有像吉野家那种外卖连锁店，但大多男性顾客都在便利店里买盖饭，然后加热食用，是一种无论在哪个时间段都有购买需求的商品。

但是因为没有小份的，所以在女性顾客较多的店里应该在男性顾客较多的时段进行备货。

这样根据各个商品的特性挑选每个时段的商品，能通过卖场布置提高销售量。

此外，最近冷冻便当在不断增加。因为与在 20℃ 下存放的便当卖场不同，重点在于创造出能一眼看见所有便当的卖场。

如果要配合旁边的无盖货架，就要把商品摞高，如果分为无盖货架和扁平货柜，就需要花费工夫用 POP 广告等向顾客传递商品信息。

便当是根据陈列的场所不同，很容易产生销量差的商品。即使增加订购，如果摆放在不起眼的货架上就会减少顾客购买便当的机会，导致产品废弃损失。便当货架的宽度大概有120cm，从正面能看到卖场的情况下就很难看到两边的商品。

所以把最想卖出的商品放在中间，以这类商品为中心，作为最优先的商品依次排列。

如果卖场的库存不断减少，按照顺序摆放在靠近中心位置。为了直到下次交货前尽可能卖光，需要维持这样细致的卖场。

烹制面食 盂兰盆节前后顾客喜好有很大变化

超市在增加烹制面食的备货。便利店要活用商品独创性的强项强化销售。

便利店的烹制面食分为"中华冷面类""荞麦类""乌冬类""和式挂面"4 种。烹制面食的特征是根据天气、气温、湿度的变化，销量会发生很大的变化。

前面介绍过，气温升高时顾客喜欢细面，气温降低时顾客喜欢粗面。此外与日期的周转也有关，过了阴历盂兰盆节，即使温度很高顾客们也变得更喜欢粗面。

弄错时机会造成很大风险，但如果能将时机和商品配合起来，可以说是一种可以期待产生高销售量的商品。

5 月下旬前后随着气温的上升，烹制面食的动向开始变好，但是这个时候卖的商品以乌冬面和小笼屉荞麦面为中心。

到了 6 月，各地开始进入梅雨季节，这个时期最重要的就是湿度和气温的关系。体感的热度增加，对清爽的商品需求就会增高。酸口的中华冷面、容易消化的和式挂面销售动向也会

图表33 烹制面食的销售动向（前年比变化）

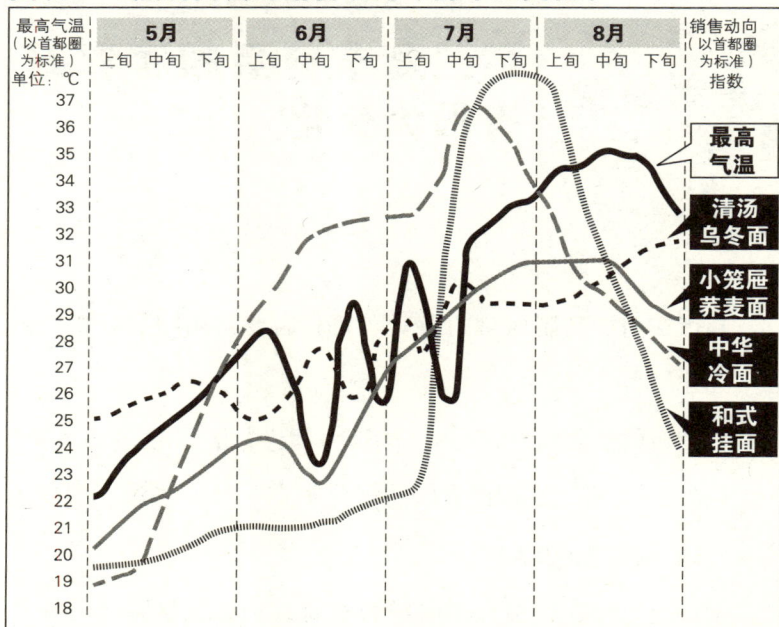

最高气温 （以首都圈 为标准） 单位：℃	5月			6月			7月			8月			销售动向 （以首都圈 为标准） 指数
	上旬	中旬	下旬	上旬	中旬	下旬	上旬	中旬	下旬	上旬	中旬	下旬	

图例：最高气温、清汤乌冬面、小笼屉荞麦面、中华冷面、和式挂面

变好。

因为6月没有正式热起来，所以要多关注气温和湿度进行备货。但需要注意的是烹制面食的销售动向开始之后，订购容易变得消极。

一年中烹制面食最容易卖出的就是梅雨后放晴的日子。所以在这一天确保充足的库存十分重要。特别要注意天气预报，相应地进行积极的推销。

但是一旦过了8月中旬，和式挂面和中华冷面的销售会一下子降下来。过了阴历的盂兰盆节，即使气温变高，这类商品的销售也不会变多。

小笼屉荞麦面和乌冬凉面到 8 月下旬，销售就变得固定了，如果一下就减少库存就没有办法扩大烹制面食的销售量。最重要的是一边估算时期一边调整商品。

FF 关东煮　**在采购计划内及时提供给顾客**

　　柜台处的 FF 基本上都是独创性的商品，所以这类商品对于创造顾客来店动机不可或缺。

　　在这当中，传单类商品原材料本身的差异在很大程度上与最终的商品评价密不可分，店铺操作可以干涉的部分十分有限。

　　与之相对，关东煮这类商品即使按照指南购进、烹饪材料，根据汤汁的维持（食材补充、调整味道）和必要的食材搭配，以及采购数量的平衡等，味道都也会有很大的变化。

　　确实是很难一直维持同样味道的商品，因为操作有可能产生差异，但是一旦合顾客心意，回头客就会增加是这类商品的特征。

　　第一个重点是销售关东煮时要做好采购计划。

　　什么时候是最好吃的状态呢？弄清楚这个时间再决定什么时间开始订购食材。

　　根据所在地不同，销售关东煮的时间也不同，一般来说是在 18 时—23 时。在这个高峰开始之前，重要的是提前准备让关东煮达到美味状态。

但并不是说要一直都保持相同的时间。

因为天气和气温的变化，与高峰时间前后的偏差，稍稍避开采购时间、准确配合高峰时间的这种灵活度也是需要的。当然工作日和周末的高峰期也不一样。

关东煮可以说是通过将灵活操作交织起来，可以获得销售机会的商品。

第二个重点就是汤汁的调整。

经常会听到"按照指南购进烹饪材料也卖不出去"的话。如果按照指南购进烹饪材料也卖不出去，最好先确认是否全体职员能了解正确的汤汁的味道。

如果真想获得回头客，重要的是以出名的好味道为目标。为了做到这样，有必要让所有职员了解自家店铺关东煮的味道，并且维持下去。

如果有余力，在关东煮正式开始销售之前，以从傍晚到夜晚轮班的职员为中心，学习采购较好。

由于便利店更换员工频繁，所以应该每年进行学习。这样可以使傍晚上班的职员们更好地互相协作和交流，对关东煮以外的商品宣传活动也会有良好的影响。

第三个重点是认识到要保持食物良好的平衡。

关东煮是一种很难表现出食材平衡和味道深度的商品。比如萝卜和鸡蛋一定要排在优先的位置，这是为了吸收其他食材煮出来的汁水，让其入味。平衡进行食材搭配，关东煮的味道应该就会很好。

这并不是只需一个劲儿地让萝卜和鸡蛋入味。重要的是在采购的时候，特别是熬制食品中要加入新的食材，让萝卜和鸡蛋变得好吃。

日配品　傍晚就该意识到明天的早饭

日配品对于招揽便利店重要的客户人群——主妇和年长的顾客来说是不可缺少的。

布置卖场时最重要的是简单明了。便当和烹制面食的销量虽然不多，但如果分散地陈列就会形成难以购买的卖场。

首先，要分为可以直接食用的商品和需要烹饪的商品。可以直接食用的商品像纳豆、豆腐等。需要烹饪的商品有面类。

其次，特别是在傍晚就应该意识到明天的早饭，然后进行卖场布置。

日配品的一个特征就是不容易替代。如果是饭团，没有梅干饭团还可以用鲑鱼饭团代替。但是日配品的备货没有什么余地，如果缺货就没有可以将就使用的商品。

一定要每天进行订购，在固定的位置陈列让顾客能够安心购买的商品。

虽然便利店的日配品备货正在扩宽，但是还不能和超市相比。至少要保证必要的商品经常摆放在货架上，万一有顾客顺便购买了呢。

图表34　不同品类的订购要点（2）

品类	要点	内容
巧克力	一鼓作气开始准备季节性商品	属于顾客对新商品期待度高的一类。季节限定、期间限定，以这种缺货的宣传方式吸引顾客来布置卖场也是一个方法。根据所在地进行备货也很重要，顾客对于饱腹感的需求也很多。
糖果	了解商品的功能进行订购	糖果是根据季节变化喜好也会变化的商品。虽然卖场狭窄，要按照功能和利用商品的客户人群整理卖场。功能性商品要放在货架的一阶上。面向老年人和孩子的商品放在较低的位置。
100日元点心、零食	无论卖场扩大还是缩小都适宜	100日元点心要根据卖场的扩大和缩小随机应变地摆放。米果面向年长者的时候要强化独立包装。要重视备货的稳定性。零食类商品要积极引入新商品，大容量商品也要进行摆放。
加工食品	注意调味料的分量订购	促进女性顾客和年长的顾客购买的战略性品类。难以管理的农水产品要明确功能进行布置。把一眼就能想到做什么菜的商品统一起来，提高推荐能力。调味料等地区商品的备货很重要。
酒类	通过准确的消息传递来深挖信息	除了周期运转快的啤酒、烧酒兑苏打水饮料，店铺备货的幅度也成为竞争力。根据味道和原材料等标准整理卖场。通过发布和食物的相合性等信息来强化销售。
季节杂货	季度初期确保库存量	应对花粉症、保湿等季节性商品要在其他业务形态开始销售之前抢占先机，在季节开始的时候确保库存量。在理解商品功能和效用的基础上决定备货。
文具及宠物	以大面积的形式布置卖场，移动商品	由于小型商品较多，要以大面积的形式布置卖场，明确地统一商品十分重要。作为文具类商品的祭奠袋要与地区相适应。手机相关的商品备货要能满足所有机种，提高便利性。
年末商品	不失时机的推销产品	作为各店共通商品的贺年卡要与印刷服务结合起来招徕顾客。印刷服务要明确畅销商品的模式。新年菜肴和礼物等由于和销售高峰有偏差，要在合适的时机进行强化，招徕顾客。

乳制品及甜品

扩大冷藏饮品的备货量

牛奶及乳制品,包括蔬菜汁在内备货都很丰富,所以是容易体现卖场量感的一类商品。销售时期较长,特别是有机会在早上和傍晚售出。

制作卖场的重点就是扩大备货。包括杯装咖啡、蔬菜汁、乳制品等,以大面积的形式布置卖场,使之一目了然。

由于新商品频繁发售,通过扩大新商品的排面摆放位置,提高卖场的视觉认知度,可以使其他商品一起被顾客注意到。

1升盒装牛奶要确保被一目了然地放置在日配品旁边,促使顾客顺便购买。

便利店独创性商品中,众所周知的就是最受顾客欢迎的甜点。一般都陈列在岛式货架或者无盖货架上,要扩大新商品和重点商品的摆放面,摆放在容易看见的位置。

一边提高视觉认知度,一边以色彩对比度来表现出商品的美味。

面包及烘焙糕点 在单品管理中确定核心产品

面包及烘焙糕点分为正餐类和间食类。正餐类面包分为餐包、面包卷、副食面包等。这些商品处于订购还没有被充分重视的状态。

特别是餐包和面包卷等作为顾客们的早餐，是在家庭内部消费较多的商品，这类商品很难被替代，所以一旦缺货就会导致店铺的信用一落千丈。

但是，如果一个劲儿地增量订购会造成商品废弃增加，因此应该集中于畅销商品，防止缺货。因为附近顾客的家庭构成、年龄层不同，顾客喜好的商品种类不同，所以选定商品时必须弄清楚应该维持哪种商品的库存量。

通过 POP 广告等宣传"每天都为您准备着这种面包"来招徕顾客，会促进顾客的固化。

副食面包和点心面包根据喜好、天气、气温、发薪日等条件，销售数量也发生很大变化。有必要大范围地捕捉条件、建立设想。即使是相同的面包也不一定每天都能卖出去相同数量。

但是，每次都从 0 开始积累进行订购是不现实的。至少以几个月为单位，重要的是创造出可以确保销售数量的核心商品的视点。

此外，点心面包类维持稳定的销量的商品很多。比如红豆面包、果酱面包、奶油面包、圆锥形蛋卷等都属于这一类。

如果顾客发现自己喜欢的商品没有，大多会购买定型商品，所以要确保足以维持库存量的订购数量，此外要追加其他商品以追求面包整体销量的增加。

为了不让顾客对偏好性较强的面包感到厌倦，每天更换引人注目的商品，也会增加扩大销量的机会。

根据 POS 数据再次验证畅销品

软饮料是便利店最容易赚取利益的商品。但也是任由其销售的话，顾客就不太会再购买的一类商品。

"口渴所以要润润喉""消除睡意""放松一下""让嘴里变得清爽""补充水分"等，顾客们有很多理由购买软饮料。设想工薪阶层会在上班路上、工作中、休息时间、加班的时候喝，这与那些偶尔有需求的商品不一样。

备货品种也很丰富。碳酸饮料、矿物质水、茶（绿茶、混合茶、乌龙茶、红茶等）、咖啡、蔬菜汁、果汁类等，涉及方方面面。

此外，咖啡饮料除了黑咖啡、无糖、微糖、多糖、牛奶咖啡等还可以更细分。

在多样的喜好和广泛的备货中，向顾客们推荐的商品是什么呢？可以说卖场里以设计中带有创意的观点广告展现出来的就是重要的商品。

换言之就是软饮料是不能缺少"选择和集中"的商品。

软饮料是要在每尺能放 3—4 瓶的 3 尺大小的大型展示柜里，摆放 100—110 个的商品。所以最重要的是在这样大小的展示柜里卖什么样的商品。

对于选择商品，POS 数据的验证十分重要。在软饮料的卖场里，平时经常有虽然摆放面狭小但是畅销的商品，和虽然摆放面宽阔但是不怎么能卖出去的商品。有必要弄清楚顾客的喜好后再布置卖场。

应该注意顾客对制造商和品牌的喜好。因为在有的情况下特定的制造商和品牌很受欢迎。

此外，软饮料经常作为积分回馈，或者与外卖商品等一起作为打折的搭配成套进行销售，也是制造商促销时很热门的一类商品。因此在制造商或者品牌促销时，应该提高获取信息的能力。

奖励积分一般按照 10—20 积分合计的情况较多，以此为契机，用至今为止一直购买的制造商或者品牌商品来转换积分的情况也很多。

对于布置卖场的方法，展示柜的话应该把畅销商品和推销的商品陈列在一开门就能立刻拿到的位置。从这些商品摆放的位置开始，依次拉开距离摆放销售动向缓慢的商品和优先排位较低的商品。

对于排面摆放数量来说，除了功能性高的商品以外，一般都需要在两个以上的排面位置进行摆放。

在 190 克罐装咖啡的情况下，3 尺的搁板上有 12 个排面的位置可以进行摆放。按照计算则每个搁板能摆放 6 个商品。1 升以上的塑料瓶基本要有 1 个排面的摆放位置，要尽可能多地扩大备货量。

特保（特定保健用商品）饮料等热门商品要根据发售时间和所在地，在搁板 1 阶进行摆放。最终会停止摆放的限定商品，如果认知度高，需要重回常规卖场。

冰点　根据最新天气预报确认货品

　　冰激凌是一种销售量被气温、气候影响的商品，而且在气候不稳定的情况下很难维持前年实绩。此外，温度变化顾客喜好也会变化，气温高的时候顾客喜欢冰点类，气温低的时候顾客更喜欢奶油类。

　　冰激凌需要以气候、气温的设想为前提，明确应该准备的货品。如果备货半途而废，很容易产生大量的机会损失。

　　比如，天气一下子升高，持续高温潮湿的状态，冰激凌开始销售，可能一下子就造成缺货。

　　在订购的时候认为库存充分所以减少订购量的情况下，交货为止的时候库存已经销售一空，结果可能导致即使有交货的商品，数量也还是不够的。特别是在 8 月 15 日之前，要把库存量复位为 0 再进行订购。

　　因为是对气温变化很敏感的商品，每天要在订购快结束前，直到最后的时间都要确认天气预报，寻求尽可能准确的订购判断。

凭借我的经验也发生过如下所述的失败经历。

因为我太过于相信天气预报和对库存量放心了，盛夏时期气温逐渐升高，还是让最为畅销的草莓味刨冰缺货整整两天。

确实，订购的时候有 40 个左右的刨冰，其他商品的库存量也很多，所以认为冰激凌不会出现断货。

结果 40 个刨冰在订购当天就销售一空，第二天交货时只有一批 20 个商品，也一口气销售一空。记得第三天的时候预约了 4 批货、80 个商品的库存量。

今年的夏天是冷夏，气温一直不稳定，为了应对低温所以准备了很多奶油类商品，这个案例中的错误的开始就是认为库存不会销售一空。

订购冰激凌重要的是把握正确的信息，根据设想大胆地确保库存量。

冰激凌是一种只能保存在冰柜里或冷冻展示柜里，很难保持库存充足的商品。因此可以说很适合为了防止机会损失进行适当库存管理训练的商品。

为了不在固定的摆放位置造成库存过剩，并避免机会损失的发生，冰激凌这类商品要一边读取气温的变动和顾客喜好的变化，一边进行订购。

下面要考虑的就是平型冰柜的分配。

冰柜可以说是很合适进行商品管理的容器，但是对于陈列、摆放商品又有很多限制。

为了迎来商品数量增加的夏季，排除难以卖出的商品和顺利地进行商品的更替是很困难的。增加商品过多的情况下会导致陈列的空间不足，可能一篮要放三、四个商品。

奶油类、冰点类、冰棒、果子露冰激凌、糯米糍类等，本来要统一按照类别进行摆放。很多店铺为了确保摆放空间连哪个类别在哪儿都不知道。

结果从顾客的角度来看就形成了一个难以进行购物的卖场，这样迷茫不清的结果是很多顾客什么都不买就回去了。

如果犹豫不决，在交货的时候就没有按照类别陈列，那么容易形成不好寻找商品的卖场。

事先统一进行分类，分搁板进行商品摆放。最好每周都一边改变布局方法，一边进行训练以维持这种分类摆放。

点心　根据主要客户人群区别各品类的多少

　　点心是对于创造顾客来店动机很重要的商品。要以小分类单位来探讨"要增加怎样的客户人群""要怎样扩大备货"的问题。

　　比如，如果小孩子顾客增加，就要扩大玩具点心的备货。如果年龄大的顾客较多，扩大单独包装的米果备货比较好。应该正确理解商品和客户人群的匹配，来处理作为顾客来店动机之一的点心类商品。

　　希望可以面向商务人员和司机，强化片状口香糖这类商品。

　　但是，即使都是口香糖，不同客户人群使用的商品也是不一样的。如果是司机，更多会购买薄荷味的口香糖，如果是乘坐电车的顾客，应该扩大薄荷味以外商品的备货。

　　此外，也要注意顾客们的年龄层。

　　如果店里 50 岁以上的顾客比较多，那么他们就不太会喜欢颗粒状的口香糖。因为随着年龄的增长牙齿开始老化，颗粒状的口香糖不利于咀嚼。

所以,如果老年顾客较多,口香糖的销售不活跃的时候,就试着准备薄片口香糖。相反,如果年轻人较多,那么带有强烈刺激性气味的厚口香糖商品更好。

小孩子吃的点心或者粗点心也有"大人购买"的机会,但是因为被埋在货架里,所以经常能看到店铺为其扩大空间。

为了让那些怀念过去的中老年人购买这种小孩子吃的点心或者粗点心,备齐这类商品也很重要。

春假、暑假、寒假之前把面向小孩子和面向大人的商品摆放在一起,以耳目一新的商品吸引小孩子,以怀旧的感觉吸引大人。

如果扩大小孩子吃的点心卖场,销量是不可能大增的。10日元的商品卖出去10个也不过是100日元。与巧克力点心、零食点心相比,可以说是销售效率极低的商品。

所以,要弄清楚客户人群后再决定卖场空间和备货。如果是常年摆放的商品,在商品替换的时候,这类点心可以用于调整卖场的扩大、缩小。

为了确保销量,在卖场的氛围布置上也要下功夫,需要仔细探讨配合店内的 POP 广告、展示等渲染氛围,进行卖场布置。

如果粗点心卖场也能以"目的性购买"来吸引顾客,可以期待顾客固定化,顾客购买粗点心以外的相关商品可能性也会提高,应该积极地进行活用。

卖场检查的重点是经常确认竞争店铺的商品构成，有没有缺货的商品，是否能保证价格的平衡等。

卖场如果没有魅力就不会有顾客购买，至少也要和周围的竞争店铺进行比较，建议大家即使只能多处理一个商品，也尽可能去做。

巧克力 一鼓作气开始准备季节商品

巧克力点心容易受季节影响，是一种顾客对新商品期待度很高的商品。所以，必须引进新商品，积极地招徕顾客。季节限定、期间限定，以这种缺货的宣传方式吸引顾客开展卖场也是一个方法。

季节商品一般在季节刚刚开始的时候就售罄。用 POP 广告的"季节限定"招徕顾客，唤起顾客们的购买意识就可以。由于是商品周期很重要的商品，应该彻底进行商品的替换。

此外，重要的是根据所在地探讨卖场布置和商品构成。

在事务所等工作的职员饿了的时候对点心的需求极高，所以对能放在桌子里的巧克力和饼干的需求很高。

最近，加班或者放松的时候吃点心的男性也在增加。所以对口袋大小的商品的宣传很重要。

相反，在住宅区的便利店，对孩子的零食，或者有顾客来的时候配着茶一起吃点心的需求，以及大容量独立包装的商品需求变高。

像巧克力和饼干等商品，根据店铺所在地和客户人群决定卖场构成，所以应该好好就自家店铺所在地和来店客户人群进行探讨、采取对策。

糖及零食 — 了解商品的功能后再订购

　　了解糖果（袋装、棒状）商品功能后进行宣传很重要。顾客寻求的功能随着季节变化而变化，所以要应对这种变化。

　　喉糖、盐糖、水果类、软糖、糖球等，不同的商品有不同的特征。如果不知道商品的特性和功能就销售，有可能和目标客户人群的需求有偏差。

　　此外，认为卖场不是很大，所以顾客可以立刻找到想要的商品，这只不过是店铺的借口。面向老年人和孩子的商品要放在货架的下部，喉糖或功能性糖果按照不同功能，放在搁板一层，这样顾客就很容易找到想要的商品。

100 日元 的小点心   无论卖场扩大还是缩小 都适宜

　　这类卖场的商品多为有力的 NB 制造商制造的商品，重要的是有与其他卖场差别化的意识。

　　与 NB 商品共存的还包括宣传新商品的方法等，重点是能够构建出怎样的统一感。

　　关于 "100 日元小点心" 的课题一点都不少，而优势在于这是点心卖场中最容易扩大或缩小的卖场。

　　因季节更替下决心扩大卖场，NB 新商品等更替的时候缩小卖场，对于顺畅地进行商品更替十分重要。

　　要一边确认 NB 商品的动向，一边努力做到不给顾客们留下量不足、备货范围小等印象。

　　另一方面，米果、薯片、袋装零食等根据来店客户人群的年龄层备货，进行卖场布置。要知道每类目标客户人群中的商品动向和对商品的需求是完全不同的，要符合每个商品的特性进行卖场宣传。

　　具体来说，老年顾客多的情况下要以米果为主进行备货，如果年轻顾客多就要扩大薯片等的备货。

购买米果是老年顾客的来店动机。虽然到成为固定顾客需要时间，但可以预想到一旦有了固定顾客就会有稳定的销量。所以重点是不要随意以新商品来替换米果。不需要替换有稳定销量的商品。

但是，如果固定顾客少，会剩下一些没有办法更改的废弃商品，不同的商品如果形状大就会导致空间利用效率下降。比起其他商品也更难移动。

薯片和袋装零食等，最基本的是引入新商品，以及摆放在显眼的位置进行宣传。根据嗜好性强弱，商品销路也会不一样。制造商之间的新商品开发竞争也很激烈，所以说很难判断什么商品符合自家店铺。

例如，虽然定型商品能卖出去，但是同系列的商品卖不出去。最近，商品的风味变得比较复杂，由于难以以味道留下印象的商品增加，所以进行商品试吃比较好。如果知道是什么味道的商品，会增加顾客尝试购买的机会。

此外，薯片等独立包装的商品较少，而米果是一种独立包装较多的商品。

喜欢米果的老年顾客很少一次性吃完，多将其保存在茶柜里，如果有封入干燥剂的仙贝等米果商品就更方便了。

但是，薯片等商品大多数是个人消费，所以在年末年初的长期休假开始之前，要事先进行大容量商品的备货。袋装零食也是一样的。

烤制点心的嗜好性很强，经常作为面包和轻食的补充商品出售。由于陈列的地方靠近面包和嗜好品，所以是很难统一到点心类的商品。

但是，因为连锁店独创性商品较多，应该强化商品的差别化。放在藤筐里面，通过这种高级感招徕顾客、诱使顾客冲动消费也是一种方法。

加工食品　注意调味料的分量订购

　　加工食品包括调味料、农水产干货、嗜好品、罐头、烹调食品、酒类、拉面、味噌汤、汤类、软罐头类食品等，是范围很广的一类商品。具有所占面积大、商品项目多、销售额构成较低等特点。

　　但是，对于推进获取像主妇、女性、老年人等新客户的便利店来说，加工食品是平时可以代替超市的一种重要商品。

　　加工食品中最难懂的就是农水产品的干货。除了一部分商品，其他商品的利用机会有限，所以很多人都疑惑该如何掌握备货的幅度。

　　农水产干货的宣传上要竭尽全力明确商品的功能。

　　农产品的干货和豆子，根据地区特性备货的幅度也有所变化。豆子中大豆、小豆、黄豆粉是必需商品，黑豆、金时豆①根据地域不同消费量不同，所以需要确定自家店铺是否需要。特别是附近老年人较多的情况下需要注意。

---

　　①　菜豆的栽培品种，种子椭圆形，紫红色。可用来制作甜纳豆和煮豆。

萝卜干、香菇干如果按照大小和分量摆放会打破卖场的平衡。有必要确认推荐商品的规格之后探讨如何陈列。

水产品的干货除了薄片海苔、调味海苔、做手卷寿司用的海苔等商品以外，还有裙带菜、海带、海青菜等，这类商品最好按照具体的料理意象进行备货。

比如，推荐制作紫菜卷寿司的话，要把香菇干、葫芦干、薄片海苔等放在一起陈列。重点是传达出提供的商品是用来做什么的。

便利店的备货不如超市，主要是这类农水产干货。确实，像超市那样备货很难，但如果提出像紫菜卷寿司、什锦烧等具体料理的意象，事先准备相关商品的备货，作为十分便利的店铺，顾客们光临的机会就会增加。

此外，NB 制造商的商品开发很活跃，但 PB 商品调味料品类在逐渐增加，这是让便利店十分苦恼于备货的一类商品。酱油有 1L—50ml 的，与搁板间隔之间的平衡也很棘手。有必要对备货和陈列位置进行细致的探讨。

调味料有砂糖、盐、醋、酱油、味噌这类基本商品，这些也是容易产生地域特性的商品。超市的特卖日经常以便利店标价近一半的价格进行销售，价格差对于便利店来说确实是最大的不利条件。

但是，地区商品的备货也很重要。不购进地区商品，只准备总店推荐商品，这是商品卖不出去的原因之一。

味噌的话，在名古屋地区赤色味噌比较流行，在其他的地方也有麦味噌、豆味噌、米味噌、白味噌等。为了渗透到这个地方，与地区密切相关的销售规划是十分必要的。

另外，需要注意分量。

商圈内单身的家庭或者老年人家庭较多的情况下，不是准备 1L 而是要准备 500ml 的酱油商品。味噌也不要 1kg 的而是要500g 的，要经常观察附近超市的备货情况来决定自家店铺的备货。

加工食品的备货要充分考虑地方特性，以最容易被利用的商品为中心，坚持与当地紧密联系进行宣传，这对以后卖场布置来说尤为重要。

酒类

通过准确的消息传递深挖消息

红酒是通过充实备货就可以成为顾客很强的来店动机的商品。但很多店铺不能维持备货和卖场。

红酒类商品困难的地方在于事先很难弄清商品信息。

NB 商品顾客了解得较多，商品的信息也不少，可以根据用途进行购买。但这种依赖于顾客的销售方法在提高销售量上是有限制的。

NB 商品以外的红酒，在产地、颜色、味道、制造商等很多方面，只要不是有名的制造商的商品，就很少被视为相同的商品去看待。

职员都弄不清楚商品，因为没有商品指南，所以顾客对购买什么商品也变得犹豫不决。

可以说处于相同情况的还有烧酒等蒸馏酒、日本酒。

便利店的洋酒以威士忌和白兰地为中心。不同的店铺，也有摆放伏特加、朗姆酒、龙舌兰等烈性酒的，但一般来说便利店都会有几种威士忌和白兰地。

如果看到这些商品的陈列，就可以知道店铺对酒类商品多么不了解。

威士忌和白兰地属于不同种类的酒，这样混着摆放是这个店铺"不懂酒"。对于酒类商品，重要的是要了解商品的分类并有区别地陈列。

通过红酒的产地、颜色（红、白、桃红）、酒体（红酒的浓厚、中等、轻盈）来整理卖场。如果搞不清楚卖场，顾客挑选商品就会犹豫不决，有可能会什么都不买。如果试着买了但和想象的商品完全不一样，顾客会感到陈列摆放和说明不够充分而不满。

但是积极地提供商品信息，配合吃饭的场景进行推荐，红酒仍然有提高销量的余地。因为除了专门店，其他店铺都大同小异。

在周围的便利店和超市中，有多少有推荐能力的卖场呢？即使有写了商品特征的 POP 广告，也只是限于"果香芬芳醇厚的味道""清爽的口感"等商品味道的信息，顾客最需要搭配什么料理的推荐却不常见。

比如，日式牛肉火锅、天妇罗、什锦火锅、刺身等，通过和商品相符合的料理来宣传商品的话，会形成一个非常容易刺激购买的卖场。在便利店购买的商品，大多数都是拿回家就喝的，所以适宜的料理和下酒菜信息尤为重要。

其他酒类也是一样的，很受欢迎的正规烧酒的原材料有芋头、麦、米、黑糖等，所以提出与各种味道相搭配的料理建议很重要。

此外，由于葡萄酒的饮用频率和啤酒类相比较低，所以与之相关的备用商品的建议就很重要。螺旋盖的红酒商品较多，可以与适用于软木塞红酒的开瓶器一起摆放。

红酒能销售出去的时期有限，一旦有了爱好者，就可以期待回头客了。

季节性杂货   季度初期确保有库存量

"因为卖不出去。"

"因为不了解。"

"因为优先顺序较低。"

杂货很容易被这么认为。

确实，杂货是一种种类繁多，内容也不好理解的商品。因为销量较低，就算认为尽可能少地备齐商品也无所谓也是可以认同的。但是，这样真的好吗？

杂货是一种很难处理的商品。为了迎合自家店铺顾客而准备杂货，这比每日商品更困难。如果备货能够匹配得上，而且顺利分析了客户人群，就是可以拿来夸耀的了。

销售杂货是理所当然的事情，但要选择最适合的备货，彻底在卖场进行宣传布置。如果不能充分做到这一点，杂货会难以处理。

如果是每日商品，无论如何也会修改备货，但对于杂货类商品就没有付出这样的努力，似乎仅是凭借感性去进行备货的。

销售杂货有两个要点。其一是在季度初期确保有库存量、进行卖场布置。

即使便利店的杂货与药妆店的杂货正面冲突，在备货和价格上也是没有胜算的。需要在药妆店的态势还没有完备的时候，季度初期认真地在卖场布置商品，以此来应对顾客需求在扩大的萌芽期。

比如秋冬季节，杂货有护手霜、身体乳等保湿类商品，防静电喷雾器和口罩等防止干燥的商品比较符合需求。

卖场布置也很重要。

即便引入了商品，如果卖场的视觉认知度低，商品也不会销售。引入的时候，按照季节中的销量一次性采购，有必要在结束的时候或者在定型卖场里扩大摆放面。不应该中途追加订购。

冬季的防寒商品也是一样。紧身裤、暖手宝、手套、护腿、脖子的防寒护具、保暖内衣等这类必备商品要早早在卖场摆放好。重要的是在季节初期之前，在气温还不太低的时候就让顾客看到商品并积极地进行宣传。

还要有鉴别商品的能力。

比如秋冬来临之际，口罩作为主要预防感冒和防止干燥的商品，与只应对花粉症的商品是不一样的。并非只要是口罩就行，而要在了解商品的功能和作用之上进行备货。

文具及宠物

以大面积的形式布置卖场，移动商品

日用杂货卖场里摆放的都是便利店没有或者很苦恼的商品。

比起表面（摆放杂志过道的一侧）卖场，更需要迎合来店顾客进行备货，创造出容易看见、容易挑选商品的卖场。

宠物食品有给狗、猫、金鱼、小鸟等食用的很多种类的商品，不可能全部经营。比如猫咪用品，因为猫的喜好很明确，所以会因商品销路不同而大相径庭。

为了能在有限卖场内最大化地提高销量，需要汲取顾客们的需求，进行最适宜的备货。更不用说室内狗上厕所用的犬砂和猫用的猫砂等必需的商品。

此外，卖场清晰易懂也很重要。狗、猫的用品统一摆放在固定角落，重点是在固定位置一直有这种商品。

特别是如果有喜欢的宠物食品，很多情况下顾客会进行定期购买。对于多次购买的顾客来说，清晰易懂的备货和卖场就变得尤为重要。

再者，卖场靠里面的位置，特征是有很多小的商品。典型的有文具、干电池、吸烟用品。重要的是通过大面积的形式宣传布置这类商品，提高视觉认知度。

书写工具分为圆珠笔、铅笔、签字笔、记号笔等。为了让顾客容易找到商品，要分开陈列。

也要注意颜色、粗细、油性、水性、记号等用途。畅销的黑色、红色圆珠笔放在最上部的左边，其他商品摆放在右侧。

在学生比较多的店铺，可以把铅笔和荧光记号笔等摆放在最上部的左边。年轻人较多的店铺要考虑经营一些外观特别的商品。

便利店有一些急需的商品，比如说文具店的淡墨色水彩笔。

喜事一般都是定好日子的，但是丧事都很急。这种时候派上用场的就是便利店。实际上应该没有便利店会不卖奠礼袋。

此外，要正确了解地方风俗后决定奠礼袋等商品的备货。

事务所较多的店铺与在街道沿线的店铺相比，顾客寻求的商品是不一样的。事务所多的地方不太需要奠礼袋。在公司交际的情况下，使用这种奠礼袋会很失礼。社长、部长、负责人不能用一样的奠礼袋。

相反，在住宅多的地方，替换式奠礼袋由于通用性广而便于使用。这类商品的备货成为"顾客可以利用的店铺"的条件。

陈列商品的时候也要注意朝向。

大多情况下，奠礼袋和红包袋都是缩小搁板间距后进行摆放，因为如果文字被搁板挡住会不能立刻确认是什么商品。所以要让顾客们一看就立刻知道是干什么用的商品，这需要花费工夫进行陈列。

干电池和抽烟用具也一样，如果试着创造相同的卖场，就能让顾客们更容易挑选和购买。

最近手机和智能电话的种类大幅度增加，与之相关的充电商品的种类也大幅扩大。对于这类商品也需要按照机种进行细致的分类，然后陈列。

这种情况下，重要的是应对所有机种的备货。无论缺少哪一个都会成为无法在紧急时刻使用的店铺，所以要特别注意。

年末商品 不失时机地推销产品

　　如果因为天气不好等错过了夏季高峰，那么挽回的对策就十分有限。用平时卖场的商品来弥补下降的销售量，夏天会很难赚回更多的利益。补救措施是年末年初的预约商品。通过积极的准备工作可能使店铺的销售量明显上升。

　　作为预约商品的开始，就是"贺年卡"。首先，重要的是彻底对这种商品进行推销。

　　确实，贺年卡手续费方面的利益是有限的。但是，在销售量上如果卖出 100 张，就会是超过一条烟的销售量。此外，贺年卡无论在日本全国哪里都是一张 52 日元，没有价格差异的不利条件。无论在哪里买都是一样的，可以说，这类商品可以预期的销售量很多取决于努力程度。

　　但是，只是贺年卡的话就十分有限。可以一起推荐给大家"印刷贺年卡"。最近电脑印刷变得越来越多，承接打印的订单没有那么容易了。而且商品和服务不被人所知的事实，远比店家所想的更甚。

要想有效地宣传印刷服务以招徕顾客，就要突出重点、宣传畅销产品。

贺年卡的印刷目录有二色印刷、四色印刷、只用黑色印刷等，此外还有很多印刷模式，下订单的方法可能很难懂。因此事先决定每种推荐的设计都有一两个，通过宣传"这是本店推荐的很受欢迎的图案"等来扩大销售机会。

能卖出多少套"贺年卡+印刷服务"很大程度上左右了预约商品的销售量。

与之相对，新年菜肴、圣诞节蛋糕、年末礼物等光是因为价格高就难以卖出，但是"贺年卡+印刷服务"套餐难度可能更高。从收到顾客的贺年卡订单到取回印刷完的商品，其间可以推荐给顾客年末商品。

预约商品需求上升的时间各有不同。

最需要贺年卡的时候是发售日的 11 月 1 日前后到 12 月 1 日前后。可以说在 12 月 10 日，就要确定圣诞节蛋糕的预约了。年末礼物是想要在 12 月 15 日之前就赠答完毕的商品，新年菜肴最主要的收尾时段是 12 月 15—20 日。

特别是年末年初商品的预约活动从 11 月初开始，就要仔细配合日程，根据不同商品事先决定自家店铺首推的商品，通过向顾客宣传增加扩大销售的机会。

后　记

　　作为 7-ELEVEn 的订购能力，我就订购的重要性以及应对方法进行了讲解，大家认为怎么样呢？

　　对店铺来说，订购是一个复杂且难以捕捉，为了与"顾客的需求"进行"斗争"而做的准备工作。说订购的好坏在很大程度上决定了店铺的吸引力也是不为过的。如果不能保证适宜的备货情况和订购（库存量），即使店铺再整洁，收银台接待顾客的时候再优秀，也是不能满足顾客的。正是因为处于销售额不能直线上升，而且各种业务形态之间的竞争日益激烈的时代，订购能力才不可或缺。

　　这并不只限于空间狭小的便利店。这也是对于超市、药妆店、专门店、折扣店等各种这样的业务形态来说的。为了应对顾客的需求，不产生难以卖出的商品或者缺货的情况，抑制产品的废弃使销量最大化，提高订购的精准度是必不可少的。可以说不强化订购能力的话，店铺就不能有所成长。

　　但是，为了提高便利店的订购精确度，这里有几大课题。

　　商品多而一个人应接不暇。按照时间和日期进行废弃控制的商品管理的困难之处。确保符合自家店铺需求的备货幅度和深度。此外，还有决定合适的订购数量的过程。无论是哪一方面，可以说都是要看准店铺运营和竞争状况等很多要素后，进行抉择的十分困难的工作。为了解决这些问题，可以说是尽一己之力为店铺的繁荣而战。

　　虽然每个店铺的条件各不相同，但基本是一样的。

　　大家所面对的竞争对手并不是各个营业状态下的竞争店铺。如今来店里购买商品的顾客对商品满意吗？其实是和顾客需求之间的战争。如果不是提前准备好让顾客觉得"来购物真好"这种备货方式，顾客会立刻转向竞争店铺。

　　祝愿阅读本书的读者们，店铺生意日益兴隆，如果能为大家的店铺获得顾客的信赖助一臂之力，将是我的无上光荣。

Believe-UP 董事长　信田洋二

"服务的细节" 系列

《卖得好的陈列》：日本"卖场设计
第一人"永岛幸夫
定价：26.00 元

《为何顾客会在店里生气》：家电卖
场销售人员必读
定价：26.00 元

《完全餐饮店》：一本旨在长期适用
的餐饮店经营实务书
定价：32.00 元

《完全商品陈列 115 例》：畅销的陈
列就是将消费心理可视化
定价：30.00 元

《让顾客爱上店铺 1——东急手创
馆》：零售业的非一般热销秘诀
定价：29.00 元

《如何让顾客的不满产生利润》：重
印 25 次之多的服务学经典著作
定价：29.00 元

《新川服务圣经——餐饮店员工必学
的 52 条待客之道》：日本"服务之
神"新川义弘亲授服务论
定价：23.00 元

《让顾客爱上店铺 2——三宅一生》：
日本最著名奢侈品品牌、时尚设计与
商业活动完美平衡的典范
定价：28.00 元

《摸过顾客的脚才能卖对鞋》：你所不知道的服务技巧，鞋子卖场销售的第一本书
定价：22.00 元

《繁荣店的问卷调查术》：成就服务业旺铺的问卷调查术
定价：26.00 元

《菜鸟餐饮店 30 天繁荣记》：帮助无数经营不善的店铺起死回生的日本餐饮第一顾问
定价：28.00 元

《最勾引顾客的招牌》：成功的招牌是最好的营销，好招牌分分钟替你召顾客！
定价：36.00 元

《会切西红柿，就能做餐饮》：没有比餐饮更好做的卖卖！饭店经营的"用户体验学"。
定价：28.00 元

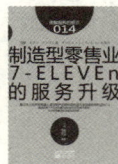

《制造型零售业——7-ELEVEn 的服务升级》：看日本人如何将美国人经营破产的便利店打造为全球连锁便利店 NO.1！
定价：38.00 元

《店铺防盗》：7 大步骤消灭外盗，11 种方法杜绝内盗，最强大店铺防盗书！

定价：28.00 元

《中小企业自媒体集客术》：教你玩转拉动型销售的 7 大自媒体集客工具，让顾客主动找上门！

定价：36.00 元

《敢挑选顾客的店铺才能赚钱》：日本店铺招牌设计第一人亲授打造各行业旺铺的真实成功案例

定价：32.00 元

《餐饮店投诉应对术》：日本 23 家顶级餐饮集团投诉应对标准手册，迄今为止最全面最权威最专业的餐饮业投诉应对书。

定价：28.00 元

《大数据时代的社区小店》：大数据的小店实践先驱者、海尔电器的日本教练传授小店经营的数据之道

定价：28.00 元

《线下体验店》：日本 "体验式销售法"第一人教你如何赋予 O2O 最完美的着地！

定价：32.00 元

《医患纠纷解决术》：日本医疗服务第一指导书，医院管理层、医疗一线人员必读书！ 医护专业入职必备！

定价：38.00 元

《迪士尼店长心法》：让迪士尼主题乐园里的餐饮店、零售店、酒店的服务成为公认第一的，不是硬件设施，而是店长的思维方式。

定价：28.00 元

《女装经营圣经》：上市一周就登上日本亚马逊畅销榜的女装成功经营学，中文版本终于面世！

定价：36.00 元

《医师接诊艺术》：2 秒速读患者表情，快速建立新赖关系！ 日本国宝级医生日野原重明先生重磅推荐！

定价：36.00 元

《超人气餐饮店促销大全》：图解型最完全实战型促销书，200 个历经检验的餐饮店促销成功案例，全方位深挖能让顾客进店的每一个突破点！

定价：46.80 元

《服务的初心》：服务的对象十人百样，服务的方式千变万化，唯有，初心不改！

定价：39.80 元

《最强导购成交术》：解决导购员最头疼的55个问题，快速提升成交率！
定价：36.00元

《帝国酒店——恰到好处的服务》：日本第一国宾馆的5秒钟魅力神话，据说每一位客人都想再来一次！
定价：33.00元

《餐饮店长如何带队伍》：解决餐饮店长头疼的问题——员工力！让团队帮你去赚钱！
定价：36.00元

《漫画餐饮店经营》：老板、店长、厨师必须直面的25个营业额下降、顾客流失的场景
定价：36.00元

《店铺服务体验师报告》：揭发你习以为常的待客漏洞　深挖你见怪不怪的服务死角　50个客户极致体验法则
定价：38.00元

《餐饮店超低风险运营策略》：致餐饮业有志创业者＆计划扩大规模的经营者＆与低迷经营苦战的管理者的最强支援书
定价：42.00元

《零售现场力》：全世界销售额第一名的三越伊势丹董事长经营思想之集大成，不仅仅是零售业，对整个服务业来说，现场力都是第一要素。
定价：38.00 元

《别人家的店为什么卖得好》：畅销商品、人气旺铺的销售秘密到底在哪里？ 到底应该怎么学？ 人人都能玩得转的超简明 MBA
定价：38.00 元

《顶级销售员做单训练》：世界超级销售员亲述做单心得，亲手培养出数千名优秀销售员！ 日文原版自出版后每月加印 3 次，销售人员做单必备。
定价：38.00 元

《店长手绘 POP 引流术》：专治"顾客门前走，就是不进门"，让你顾客盈门、营业额不断上涨的 POP 引流术！
定价：39.80 元

《不懂大数据，怎么做餐饮？》：餐饮店倒闭的最大原因就是"讨厌数据的糊涂账"经营模式。
定价：38.00 元

《零售店长就该这么干》：电商时代的实体店长自我变革。
定价：38.00 元

《生鲜超市工作手册蔬果篇》：海量
图解日本生鲜超市先进管理技能
定价：38.00 元

《生鲜超市工作手册肉禽篇》：海量
图解日本生鲜超市先进管理技能
定价：38.00 元

《生鲜超市工作手册水产篇》：海量
图解日本生鲜超市先进管理技能
定价：38.00 元

《生鲜超市工作手册日配篇》：海量
图解日本生鲜超市先进管理技能
定价：38.00 元

《生鲜超市工作手册副食调料篇》：
海量图解日本生鲜超市先进管理技能
定价：48.00 元

《生鲜超市工作手册 POP 篇》：海量
图解日本生鲜超市先进管理技能
定价：38.00 元

《日本新干线 7 分钟清扫奇迹》：我们
的商品不是清扫，而是"旅途的回忆"
定价：39.80 元

《像顾客一样思考》：不懂你，又怎
样搞定你？
定价：38.00 元

《好服务是设计出来的》：设计，是对服务的思考

定价：38.00 元

《让头回客成为回头客》：回头客才是企业持续盈利的基石

定价：38.00 元

《餐饮连锁这样做》：日本餐饮连锁店经营指导第一人

定价：39.00 元

《养老院长的 12 堂管理辅导课》：90%的养老院长管理烦恼在这里都能找到答案

定价：39.80 元

《大数据时代的医疗革命》：不放过每一个数据，不轻视每一个偶然

定价：38.00 元

《如何战胜竞争店》：在众多同类型店铺中脱颖而出

定价：38.00 元

《这样打造一流卖场》：能让顾客快乐购物的才是一流卖场

定价：38.00 元

《店长促销烦恼急救箱》：经营者、店长、店员都必读的"经营学问书"

定价：38.00 元

《餐饮店爆品打造与集客法则》：迅速提高营业额的"五感菜品"与"集客步骤"
定价：58.00 元

《赚钱美发店的经营学问》：一本书全方位掌握一流美发店经营知识
定价：52.00 元

《新零售全渠道战略》：让顾客认识到"这家店真好，可以随时随地下单、取货"
定价：48.00 元

《良医有道：成为好医生的 100 个指路牌》：做医生，走经由"救治和帮助别人而使自己圆满"的道路
定价：58.00 元

《口腔诊所经营 88 法则》：引领数百家口腔诊所走向成功的日本口腔经营之神的策略
定价：45.00 元

《来自 2 万名店长的餐饮投诉应对术》：如何搞定世界上最挑剔的顾客
定价：48.00 元

《超市经营数据分析、管理指南》：来自日本的超市精细化管理实操读本
定价：60.00 元

《超市管理者现场工作指南》：来自日本的超市精细化管理实操读本
定价：60.00 元

《超市投诉现场应对指南》：来自日本的超市精细化管理实操读本
定价： 60.00元

《超市现场陈列与展示指南》
定价： 60.00元

《向日本超市店长学习合法经营之道》
定价： 78.00元

《让食品网店销售额增加10倍的技巧》
定价： 68.00元

《让顾客不请自来！卖场打造84法则》
定价： 68.00元

《有趣就畅销！商品陈列99法则》
定价： 68.00元

《成为区域旺店第一步——竞争店调查》
定价： 68.00元

《餐饮店如何打造获利菜单》
定价： 68.00元

《日本家具 & 家居零售巨头 NITORI 的成功五原则》
定价： 58.00 元

《咖啡店卖的并不是咖啡》
定价： 68.00 元

《革新餐饮业态： 胡椒厨房创始人的突破之道》
定价： 58.00 元

《餐饮店简单改换门面， 就能增加新顾客》
定价： 68.00 元

《让 POP 会讲故事， 商品就能卖得好》
定价： 68.00 元

《经营自有品牌： 来自欧美市场的实践与调查》
定价： 78.00 元

《卖场数据化经营》
定价： 58.00 元

《超市店长工作术》
定价： 58.00 元

《习惯购买的力量》
定价： 68.00 元

《7-ELEVEn 的订货力》
定价： 58.00 元

《与零售巨头亚马逊共生》
定价： 58.00 元

《下一代零售连锁的 7 个经营思路》
定价： 68.00 元

《唤起感动： 丽思卡尔顿酒店"不可思议"的服务》
定价： 58.00 元

更多本系列精品图书，敬请期待！

图字：01-2018-1191 号

SEVEN-ELEVEN NO "HACCHUURYOKU" © YOUJI SHINODA 2015
Originally published in Japan in 2015 by THE SHOGYOKAI PUBLISHING CO., LTD.
Simplified Chinese translation rights arranged through TOHAN CORPORATION, TOKYO,
and HANHE INTERNATIONAL (HK) CO., LTD.

中文简体字版专有权属东方出版社

图书在版编目（CIP）数据

7-ELEVEn 的订货力／（日）信田洋二 著；王冲 译. —北京：东方出版社，2019.2
（服务的细节；080）
ISBN 978-7-5207-0683-4

Ⅰ.①7… Ⅱ.①信… ②王… Ⅲ.①零售商店—供应链管理—研究—日本 Ⅳ.①F733.131.7

中国版本图书馆 CIP 数据核字（2018）第 279184 号

服务的细节 080：7-ELEVEn 的订货力
（FUWU DE XIJIE 080：7-ELEVEn DE DINGHUOLI）
- -
作　　者：［日］信田洋二
译　　者：王　冲
责任编辑：崔雁行　高琛倩
出　　版：东方出版社
发　　行：人民东方出版传媒有限公司
地　　址：北京市东城区东四十条 113 号
邮　　编：100007
印　　刷：三河市中晟雅豪印务有限公司
版　　次：2019 年 2 月第 1 版
印　　次：2019 年 2 月第 1 次印刷
开　　本：880 毫米×1230 毫米　1/32
印　　张：6.625
字　　数：121 千字
书　　号：ISBN 978-7-5207-0683-4
定　　价：58.00 元
发行电话：(010) 85924663　85924644　85924641
- -